ポケット判 保育士・幼稚園教諭のための

障害児保育キーワード100

小川英彦 ………… 編

福村出版

はじめに

　保育所や幼稚園ではしばしば「気になる子ども」と称される、そして、児童発達支援センターでは自閉スペクトラム症と診断された子どもたちの占める割合が増えている。幼児期の支援をめぐって、園の先生方はこうした子どもたちのために懸命に努力されている。

　今、園では自分のクラスだけではなく、隣のクラスにも同じような気になる子ども、障害のある子どもたちを抱えている。それゆえに、園全体で支援していく時代になっていると言っても過言ではなかろう。

　本書では、時代の要請に応えるために、次の 10 部を構成してみた。

　さらに、障害児保育をめぐって今日的な事項・特徴を表しているものとして、9つのコラムを掲げてみた。

これらの構成からは、「子どもの理解にせまる」「保護者に寄り添う」「障害児保育と内容を改善する」「園全体や地域とつながる」といったトーンが導かれるのではないかと思われる。

　本書の利用の仕方としては、たとえば、子どもの見方に悩んだり、明日の保育の方法に迷ったりしたときに、ヒントを与えてくれる参考書となることを配慮したつもりである。それは、単なる用語集といったものではなく、まさしく明日の保育を拓くものである。本書では実践をベースにして、キーワードを100項目設定してみた。そして、長年にわたって障害児保育を実践している方に執筆を依頼した。

　障害児保育の書物ではあるものの、障害があるゆえの「特殊性」とすべての子どもに共通する「普遍性」を兼ね備えているのが障害児保育の性格だから、本書はやはりすべての子どもたちのために活用されてほしいというのが編者の願いである。障害児保育は保育の原点であるのかもしれない。

　本書は、障害児の心理・治療面から記述したものではなく、あくまでも保育教育面から書かれたものである。それは、執筆者一同が今後の保育教育の内容や方法が発展していくことに期待を寄せているからである。

　かつて私は福村出版より『気になる子どもと親への保育支援』（2011年）、『気になる子ども・発達障害幼児の保育を支える あそび55選』（2014年）を刊行した。本書は、これらのコンセプトを引き継いだ姉妹編でもある。

　私の好きな言葉に「ありがとうどの笑顔もすてきな笑顔」がある。本書を通じて、子どもたちの明日の笑顔につながることを切に願っている。

2017年8月　編者

目 次

第**1**部

障害児保育の基本

1 障害児保育の理念

障害児保育の意義

（1）障害のある子どもの理解を深める

　障害児保育については、第一に、「障害」「発達」「生活」の3つの視点から理解することが重要である。障害名に目を奪われるのではなく、まずは眼前の障害児を同じ人間として、発達の可能性があり、発達しつつある子どもとして理解することが不可欠である。その上に立って、障害がその子の発達にどのような影響を与えているのかという、「障害」と「発達」の連関性をみていくことになる。さらに、今までの生育史（療育機関、健診、通院など）、家族の構成、時間・空間・仲間という三間での「生活」の様子との関わりで理解する。

　第二に、権利行使の主体の視点から理解することが重要である。国連において、1970年代から80年代の権利宣言や行動計画では、障害者の権利の確立を目指してきた。1989年に採択された「子どもの権利条約」、2006年に採択された「障害者の権利に関する条約」でも、障害のある子どもの権利が明記されている。わが国では、2011年に改正された障害者基本法第4条第1項に、「何人も、障害者に対して、障害を理由として差別することその他の権利利益を侵害する行為をしてはならない」と差別の禁止を規定している。

（2）子どもたちが育つ、保育者が力量をつける

　わが国における障害児保育の形態は、大きく言って①統合保

育と②分離保育に分けることができる。統合は「A＋B」なので、健常児と障害児をともに育てることになる。分離は障害児のみを対象として育てることになる。統合か分離かにおいて、集団指導と個別指導に重きをかけるのは違うものの、一人ひとりの実態に対応していくことになる。

　さらに、子どもの育ちに応じて保育者の力量がついていく。専門性向上は、子ども理解の深まりとともに、保育内容と方法の改善という側面がある。評価をもとにフィードバックさせ、次の保育につなげることになる。

$$\boxed{分離} \rightarrow \boxed{統合} \rightarrow \boxed{インクルージョン}$$

理念に関する最近の動向

　ノーマライゼーション（normalization）は、1950年代のデンマークに淵源をもつ「できるだけ障害児者と健常児者が近い生活」をという原理である。1960年代にアメリカで再統合され、1970年代から80年代に国連の権利宣言や行動計画の中でその理念が位置づけられた。

　インテグレーション（integration）は、障害児保育・教育と通常保育・教育の制度的な一体化を意味する用語として広まった。

　近年では、1994年のユネスコとスペインの共催で提起されたサラマンカ宣言で、インクルージョン（inclusion）が打ち出された。障害だけでなく、貧困、外国籍、病弱、被虐待など特別な教育的ニーズのある子どもたちを排除せずに、包み込んで保育教育していくことになる現在の保育・教育形態への改革論である（→ **3** 、 **4** ）。

2 特別支援教育

特別支援教育の理念

　特別支援教育の理念は、2007年4月1日に文部科学省から出された「特別支援教育の推進について（通知）」に謳（うた）われている。

> 特別支援教育は、障害のある幼児児童生徒の自立や社会参加に向けた主体的な取り組みを支援するという視点に立ち、幼児児童生徒一人ひとりの教育的ニーズを把握し、その持てる力を高め、生活や学習上の困難を改善又は克服するため、適切な指導及び必要な支援を行うものである。また、特別支援教育は、これまでの特殊教育の対象となっている障害だけでなく、知的な遅れのない発達障害も含めて、特別な支援を必要とする幼児児童生徒が在籍する全ての学校において実施されるものである。さらに、特別支援教育は、障害のある幼児児童生徒への教育にとどまらず、障害の有無やその他の個々の違いを認識しつつ、様々な人々が生き生きと活躍できる共生社会の形成の基礎となるものであり、我が国の現在及び将来の社会にとって重要な意味を持っている。

（下線は筆者）

理念の特徴

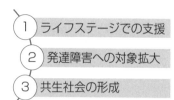

1 ライフステージでの支援
2 発達障害への対象拡大
3 共生社会の形成

同通知には、体制の整備及び必要な取り組みが述べられている。

①特別支援教育に関する校内委員会の設置

　校長のリーダーシップの下、全校的な支援体制を確立し、発達障害を含む障害のある幼児児童生徒の実態把握や支援方策の検討を行う。

②実態把握

　保護者と連携して検討を進める。特に幼稚園、小学校においては、発達障害等の障害は早期発見・早期支援が重要である。

③特別支援教育コーディネーターの指名

　校内委員会・校内研修の企画・運営、関係諸機関・学校との連絡・調整、保護者からの相談窓口等の役割を担う。

④関係機関との連携を図った「個別の教育支援計画」の策定と活用

　長期的な視点に立ち、乳幼児期から学校卒業後まで一貫した教育的支援を行うため、医療、福祉、労働等のさまざまな側面からの取り組みを含める。

⑤「個別の指導計画」の作成

　幼児児童生徒の障害の重度・重複化、多様化等に対応した教育を一層進める。

⑥教員の専門性の向上

　各学校は、校内での研修を実施したり、教員を校外での研修に参加させたりすることにより専門性の向上に努める。

教員研修の受講について
受講済　　　75.9%（うち行政研修受講56.8%）
未受講　　　24.1%
（出典：平成27年度特別支援教育体制整備状況調査）

3 ノーマライゼーション

ノーマライゼーションの理念

　障害のある人もない人も、同じ社会の一員として生活を地域社会でともにすることを目指す生活原理である。その底流には、障害のある人が同年齢の人と同等な権利を持ち、平等に生活できる社会こそノーマルな社会であるという考え方がある。

　ノーマライゼーション（normalization）の理念は、1950年代にデンマークで提唱される。当時のデンマークでは、障害のある人たちは、地域から離れた、しかも巨大な施設に隔離されていたという実態があった。それに対して、親たちがそうした福祉政策に疑問をいだき、地域に施設を求める運動を行ったのが発端である。

　この運動の成果は、1959年の知的障害者法の制定につながり、"ノーマライゼーションの父"と称されるバンク－ミケルセンの提唱に結実した。その後、スウェーデンのニルジェが提唱し、このふたりの原理を1960年代に再構成したのがアメリカのヴォルフェンスベルガーであった。

バンク－ミケルセンの主張
精神遅滞者にできるだけノーマルに近い生活を提供すること

ニルジェの主張
精神遅滞者の日常生活をできるだけ社会の主流となっている規範や形態に近づけるようにすること

> **ヴォルフェンスベルガーの主張**
> 少なくとも平均的な市民と同じ生活状態を可能にすること

　1970年代から80年代にかけては、国連の「知的障害者の権利宣言」(1971年)、「障害者の権利宣言」(1975年)、「国際障害者年行動計画」(1980年) 等で基本理念として位置づけられた。

　わが国には1974年頃にこの用語が導入されたと言われるが、「国連・障害者の十年」(1983年-1992年) に呼応して、「障害者対策に関する長期計画」(1982年) を策定して具体的な取り組みを開始している。

理念の特徴

1. 人間としての尊重
2. 平等と機会均等の保障
3. 地域社会の中での権利実現
4. QOL(生活の質) の保障
5. 自己決定の尊重

　ノーマライゼーション理念の実現には、地域住民の意識変革のみならず、施設から在宅へ、ADLからQOLへ、保護主義から人権尊重、当事者の主体性尊重へといった既存のシステムの転換が必要であった。障害者分野から始まったこの理念は、現在ではすべての社会福祉分野を支える理念となっている。今後の福祉の課題に応えられるものとしていっそう重要な役割が期待される。

4 インクルージョン

インテグレーションとインクルージョン

　インクルージョン（inclusion）という用語を国際的な広がりをもつものにしたのがサラマンカ宣言である。これはユネスコとスペイン政府の共催による「特別なニーズ教育に関する世界大会」が1994年6月に開催され、92ヵ国と25の政府機関が採択した国際社会に向けた宣言である。この宣言のポイントは次のようである。

①すべての子どもが教育に対する基本的な権利を有している。

②さまざまな理由で学校教育への参加から排除されている子どもたちを「特別なニーズをもつ子ども」として、そうした子どもを包摂する（包み込む）教育を行う。

③すべての子どもを対象として、一人ひとりの特別なニーズに応じて教育援助を行う。

④これからの教育改革の必要性を提起している。

　わが国においては、2001年1月に文部科学省より出された『21世紀の特殊教育の在り方について〜一人一人のニーズに応じた特別な支援の在り方について〜』の中で、「近年、ノーマライゼーションの理念の普及により、世界各国では、障害者の自立と社会参加を目指す取り組みが進められている。障害のある児童生徒等に対する教育については、国連やユネスコにおいて、教育のインテグレーションやインクルージョンの理念を推進する取り組みが求められている」と述べられている。

　この中で指摘されるインテグレーションとインクルージョンとは、定義上は類似しているかのように見えるが、相違点がある。

> **インテグレーション**
> 子どもをまずは、障害のない子と障害のある子に分けた上で、その統合を進めようとする。
>
> **インクルージョン**
> すべての子どもがユニークな性格、興味、能力、学習ニーズを持っているので、一人ひとり違うのが当たり前であることを前提として、特別なニーズに応じた教育援助をしようとする。

　その教育援助においては、可能なところでは、すべての子どもが一緒に学ばなければならないとされるが、サラマンカ宣言では、特別なニーズ教育に関する事情が国により異なっていることは無視できないともふれられている。

　よって、わが国では、通常の学級で行われる教育だけでなく、通級による指導、特別支援学級、特別支援学校といった教育形態が弾力的に運営されることになる。特別なニーズをもつ子どもに適切な教育援助を提供しないで、通常の学級のみで教育することではないことに注意を喚起していく必要がある。

　特別なニーズ教育の対象は、いわゆる障害児だけでなく、多様な要因によって生活や学習に困難さをもつ子どもまで含んでいる。

統計：特別支援教育を受けている子どもの人数

特別支援学校	0.67%	約6万9千人	3.33% 約34万人
特別支援学級	1.84%	約18万7千人	
通級による指導	0.82%	約8万4千人	

（出典：平成26年特別支援教育の対象の概念図（文部科学省））

5 療育

「療育」の歴史的実践

《戦前においての提唱》

高木憲次（1888-1963）の造語

療育という用語は、高木の造語であるとするのが定説である。その提唱では、ドイツのクリュッペルハイム構想をモデルにして、①普通教育、②整形外科的治療、③職業教育を柱立てていたのである。

「人間全体を完全にしてやる」という目的観から療育が提起されており、人間の諸能力の全体的な発達を成し遂げようとする場合に、療育の内容・方法論が必要とされた。肢体不自由という障害を対象としていた。

柏倉松蔵（1882-1964）の柏学園

1921年に設立された柏学園の趣意目的には、「身体不自由なる児童に、小学校の課程に準ずる教育を施し、適当なる場合には、専門医師に計りて、整形外科的治療を加え、幾分なりともその不便を除き、進んで職業教育を授け」と定められている。3つの柱立ては高木との共通性がみられる。

体操教師だった柏倉は、東京帝国大学の田代義徳から医療体操という療法を習得して、「病院風にではなく、学校風に、治療のあいまには遊戯もさせ、学科も教え」という教育観で療育的指導法がなされた。

《戦後においての提唱》

小林提樹（1908-1993）の島田療育園

日本赤十字病院小児科部長である小林は、1961年に重症心身障害児施設の島田療育園を設立し園長となる。ここでの療育の特質は、生命保障をベースにして医学的管理と同時に日常生活と介助を行うことにあった。

糸賀一雄（1914-1968）の近江学園・びわこ学園

1946年の近江学園の設立を皮切りにいくつかの施設を分化創設する中で1963年に重症心身障害児施設のびわこ学園を開設する。近江学園からの長年にわたる教育と研究の蓄積をもとに、療育と発達保障の理念を形成した。

その底流には　……　医学的対応

　高松鶴吉が「障害児にとっては、療育の三本の柱である教育と医療と福祉の地域的なネットワークこそ望まれる」と指摘したように、かつての障害中心アプローチから、今日では、障害児の子育てあるいは生活をトータルに見ようとする視点が強調されるように転換してきている。

　障害児が少しでも生き生きと過ごせるように、関係者が働きかけていくこと、互いの専門性を発揮して、地域の社会資源とマンパワーを動員して、地域ぐるみで障害児の育ちを支援する連携の形成を目指すことにある。障害児の発達をよりいっそう保障するためには、それぞれの専門家の補完が重要となる。

コラム①：障害児保育の転換期

　糸賀一雄らが中心となり、障害児の学習権・発達権保障、すなわち権利としての障害児教育を求める要求運動がきっかけとなり、就学前の障害幼児の保育の状況も考えられるようになった。1960年代には、各地で保護者やボランティアによる「土曜保育」「日曜保育」などの自主的な障害児保育グループがつくられ、実践による成果が報告された。1966年には小金井市の、手をつなぐ親の会による障害幼児の保育グループが公立化され、のちに専門施設に発展している。

　このような民間による自主的な取り組みの中で、1970年頃より、徐々に一般の幼稚園、保育所においても障害幼児の受け入れが進むようになっていった。そしてその流れを受けて、幼稚園における障害児保育においては、1974年「心身障害児幼稚園助成事業補助金交付要綱」（これは公立幼稚園対象のもの）と、「私立幼稚園特殊教育費国庫補助金制度」が、そして保育所においては、「障害児保育事業実施要項」が制定されている。これらは一般の幼稚園や保育所における初めての、公的な障害児保育制度の整備であった。

　しかしながら、これらの制度が制定されてまもなくは、障害児を、健常児とは別にする分離保育が促進されていた。私立幼稚園特殊教育費国庫補助金制度における障害児の受け入れ人数が10人以上であり、幼稚園に特殊学級を設置できるという趣旨で開始された助成金だったことがその原因である。

　しかしこの分離保育の増加は一時的なものとなり、1980年代中頃からは、幼稚園や保育所における障害児保育は、障害幼児と健常児が同じ場で保育を受ける形態である、「統合保育」へと姿を変えていく。

　2007年には、特別支援教育が制度化され、幼稚園に在籍する障害のある幼児に対する教育的支援のいっそうの充実が求められるようになる。この時期、幼稚園における障害幼児を含む要支援児の在籍率が増加していた。　　　　　（丸山亜梨沙）

第 **2** 部

障害児保育の法

6 教育基本法

障害のある子どもへの規定

　教育基本法（2006年12月22日改正・施行）の第4条で、教育の機会均等は次のように規定されている。

　　すべて国民は、ひとしく、その能力に応じた教育を受ける機会を与えられなければならず、人種、信条、性別、社会的身分、経済的地位又は門地によって、教育上差別されない。
　　2　国及び地方公共団体は、障害のある者が、その障害の状態に応じ、十分な教育を受けられるよう、教育上必要な支援を講じなければならない。
　　3　国及び地方公共団体は、能力があるにもかかわらず、経済的理由によって修学が困難な者に対して、奨学の措置を講じなければならない。

　教育における差別の禁止や国及び地方公共団体による奨学の措置について、引き続き規定するとともに、新たに、障害のある人が十分な教育を受けられるよう、教育上必要な支援を講ずべきことを規定した。

　特に上記の2の条文は、2006年の改正によって、初めて記されたものである。障害児の教育に関しての規定は、これまでは学校教育法等にあったものの、教育基本法にはなかったのである。わが国の教育の基本を定めている法律の教育基本法に、障害のある子どもの教育について規定されたことは、法体系が整備されたことを意味している。教育の最も根本をなす法律に、初めて特別支援教育の姿勢が盛り込まれた意義は大きい。

　この教育基本法の改正を受けて、2007年6月に改定された学

校教育法では、これまで長く第6章（第71条～第76条）に位置づけられていたものが、第8章（第72条～第82条）に移された。

子どもを取り巻く環境の大きな変化

家庭	学校	地域社会
●教育力の低下 ●育児に不安や悩みをもつ親の増加など	●いじめ、校内暴力などの問題行動 ●質の高い教員の確保など	●教育力の低下 ●近隣住民間の連帯感の希薄化 ●地域の安全、安心の確保の必要性など

子ども
●基本的生活習慣の乱れ ●学ぶ意欲の低下や学力低下傾向 ●体力の低下 ●社会性の低下、規範意識の欠如など

　以上の変化の中で、「人格の完成」や「個人の尊厳」等、これまでの教育基本法に掲げられてきた普遍的な理念は大切にしつつ、新しい時代に沿った教育の基本理念を示している。それは、①知・徳・体の調和が取れ、生涯にわたって自己実現を目指す自立した人間、②公共の精神を尊び、国家・社会の形成に主体的に参画する国民、③わが国の伝統と文化を基盤として国際社会を生きる日本人の育成を目指すことにある。

7 学校教育法

特別支援教育の位置づけ

　学校教育法「第8章　特別支援教育」の中で、幼児期に特に関係が深いのは、第72条と第74条と第81条である。

第72条

特別支援学校は、視覚障害者、聴覚障害者、知的障害者、肢体不自由者又は病弱者（身体虚弱者を含む。以下同じ。）に対して、幼稚園、小学校、中学校又は高等学校に準ずる教育を施すとともに、障害による学習上又は生活上の困難を克服し自立を図るために必要な知識技能を授けることを目的とする。

　ここでは、これまで障害種別に盲・聾・養護学校と別々の名称で規定されていたものが、障害の重複化に対応した教育を行うために、名称が特別支援学校に一本化されている。そして、特別支援教育の目的に関しては、幼稚園、小学校、中学校又は高等学校に準ずる教育を施すことに加え、これまで「あわせてその欠陥を補うために、必要な知識技能を授ける」とされていたものを、「障害による学習上又は生活上の困難を克服し自立を図るために必要な知識技能を授ける」と変更されている。

第74条

特別支援学校においては、第72条に規定する目的を実現するための教育を行うほか、幼稚園、小学校、中学校、高等学校又は中等教育学校の要請に応じて、第81条第1項に規定する幼児、児童又は生徒の教育に関し必要な助言又は援助を行うよう努めるものとする。

　ここでは、特別支援学校におけるセンター的機能の明確化について規定している。特別支援学校では、上記第72条の目的を実現するための教育のほか、「幼稚園、小学校、中学校、高等学校又は中等教育学校の要請に応じ」、その幼児、児童又は生徒の教育に関して「必要な助言又は援助を行うよう努めるものとする」との新しい規定が加わった。このセンター的機能とは、①小・中学校等の教員への支援機能、②特別支援教育等に関する相談・情報提供機能、③障害のある幼児・児童・生徒への指導・支援機能、④福祉、医療、労働等の関係機関との連絡・調整機能、⑤小・中学校等の教員に対する研修協力機能、⑥障害のある幼児・児童・生徒への施設・設備等の提供機能である。

第81条

幼稚園、小学校、中学校、高等学校及び中等教育学校においては、次項各号のいずれかに該当する幼児、児童及び生徒に対し、文部科学大臣の定めるところにより、障害による学習上又は生活上の困難を克服するための教育を行うものとする。

　ここでは、特別支援教育を推進するために、特別支援学級と通常の学級での教育を行うことを指している。特に、後者の通常の学級で特別支援教育を実施することの根拠となる規定である。第81条の2では、特殊学級が特別支援学級に名称変更されたこと、さらに、その特別支援学級の対象となる児童・生徒は、「一　知的障害者　二　肢体不自由者　三　身体虚弱者　四　弱視者　五　難聴者　六　その他障害のある者で、特別支援学級において教育を行うことが適当なもの」とされている。

8 児童福祉法

児童福祉法改正のポイント

　2012年４月の児童福祉法の改正によって、多くの障害児の支援事業が改変された。これは、2010年の障害者自立支援法の一部改正と連動している。改正のポイントは次のようである。

> ①第４条の２で、障害児の定義を、身体に障害のある児童、知的障害のある児童、精神に障害のある児童（発達障害児を含む）とした。
>
> ②従来、障害種別で構成されていた障害児施設（入所、通園）の別をなくし一元化した。
>
> ③従来、実施主体を都道府県に置いていた障害児通園施設を児童発達支援センターに改組し、実施主体を市町村に変更した。
>
> ④家庭生活を送る障害児への支援を「障害児通所支援」としてまとめ、そこに放課後等デイサービス、保育所等訪問支援を加え、さらに、障害児通所支援を受けるための手続きとして「障害児相談支援」を新設した。
>
> ⑤入所施設に18歳を過ぎても在園する入所者を見直した。

　障害乳幼児への支援の主なものは、第６条の２の２による。

　これまでの知的障害児通園施設、難聴幼児通園施設、肢体不自由児通園施設、重症心身障害児（者）通園事業、児童デイサービスが「障害児通所支援」となった。

　また、知的障害児施設、第一種自閉症児施設、第二種自閉症児施設、盲児施設、ろうあ児施設、肢体不自由児施設、肢体不自由児療護施設、重症心身障害児施設が「障害児入所支援」となった。

　このような今回の障害種別の撤廃の目的は、どのような障害があっても身近な地域で支援が受けられる体制を整備することにある。一元化、実施主体の市町村化、手帳取得の障害認定がなくても利用可能とされた。

　「障害児通所支援」は、児童発達センターか児童発達支援事業のいずれかで行うことになっている児童発達支援、医療型児童発達支援、放課後デイサービスおよび保育所等訪問支援を指す。「障害児通所支援事業」は、障害児通所支援を行う事業を指す。

　ここでいう**児童発達支援**とは、日常生活における基本的な動作の指導、知識技能の付与、集団生活への適応訓練などをいう。

　医療型児童発達支援とは、上肢、下肢又は体幹の機能に障害のある児童につき、児童発達支援及び治療を行うことをいう。

　放課後デイサービスとは、就学している児童につき、授業の終了後または休業日に行う生活能力の向上のために必要な訓練、社会との交流の促進などをいう。

　保育所等訪問支援とは、施設を訪問し、障害児以外の児童との集団生活への適応のために専門的な支援等をいう。

　児童発達支援センターおよび児童発達支援事業では、一人ひとりの障害に応じた支援や小集団での療育を受けることができる。また、障害児の保護者に対する支援、家庭支援も行われる。加えて、身近な地域の中で障害児に対する専門的知識や療育を有する機関であることから、地域のセンター的な役割が期待されている。保育所や幼稚園に在籍する子どもの中には、入園前に支援を受けている場合がある。

障害者自立支援法
2006年に施行。障害種別ごとにより差のあったサービスをまとめて共通の制度にした。2013年障害者総合支援法に改題。

9 保育所保育指針、幼稚園教育要領、認定こども園教育・保育要領

2017年告示の記述

①保育所保育指針

<u>障害のある子どもの保育</u>

障害のある子どもの保育については、一人一人の子どもの発達過程や障害の状態を把握し、適切な環境の下で、障害のある子どもが他の子どもとの生活を通して共に成長できるよう、指導計画の中に位置付けること。また、子どもの状況に応じた保育を実施する観点から、家庭や関係機関と連携した支援のための計画を個別に作成するなどの適切な対応を図ること。

<u>保護者の状況に配慮した個別の支援</u>

子どもに障害や発達上の課題が見られる場合には、市町村や関係機関と連携及び協力を図りつつ、保護者に対する個別の支援を行うよう努めること。

※1965年、90年、99年、2008年に告示（下線は筆者、以下同様）

②幼稚園教育要領

<u>特に留意する事項</u>

(2)　障害のある幼児の指導に当たっては、集団の中で生活することを通して全体的な発達を促していくことに配慮し、特別支援学校などの助言又は援助を活用しつつ、例えば指導についての計画又は家庭や医療、福祉などの業務を行う関係機関と連携した支援のための計画を個別に作成することなどにより、個々の幼児の障害の状態などに応じた指導内容や指導方法の工夫を計画的、組織的に行うこと。

(3) 幼児の社会性や豊かな人間性をはぐくむため、地域や幼稚園の実態等により、特別支援学校などの障害のある幼児との活動を共にする機会を積極的に設けるよう配慮すること。

※1964年、89年、98年、2008年に告示

③認定こども園教育・保育要領

<u>特別な配慮を必要とする園児への指導</u>

(1) 障害のある園児などへの指導

障害のある園児などへの指導に当たっては、集団の中で生活することを通して全体的な発達を促していくことに配慮し、適切な環境の下で、障害のある園児が他の園児との生活を通して共に成長できるよう、特別支援学校などの助言又は援助を活用しつつ、個々の園児の障害の状態などに応じた指導内容や指導方法の工夫を組織的かつ計画的に行うものとする。また、家庭、地域及び医療や福祉、保健等の業務を行う関係機関との連携を図り、長期的な視点で園児への教育及び保育的支援を行うために、個別の教育及び保育支援計画を作成し活用することに努めるとともに、個々の園児の実態を的確に把握し、個別の指導計画を作成し活用することに努めるものとする。

※2014年に告示

10 発達障害者支援法

発達障害の定義と支援

　発達障害者支援法が2005年4月より施行された理由は、①これまで発達障害のある人に対する支援を目的とした法律がなく、障害者法制における制度の谷間に置かれており、従来の施策では十分な対応がなされていないこと、②発達障害は障害としての認識が必ずしも一般的ではなく、その発見や適切な対応が遅れがちであることによる。

　発達障害の定義は第2条1項による。

> この法律において「発達障害」とは、自閉症、アスペルガー症候群その他の広汎性発達障害、学習障害、注意欠陥多動性障害その他これに類する脳機能の障害であってその症状が通常低年齢において発現するものとして政令で定めるものをいう。

　「その他これに類する」ものは、発達障害者支援法施行令で、言語の障害、協調運動の障害を加え、発達障害者支援法施行規則により、心理的発達の障害並びに行動および情緒の障害としている。

　同法第1条では目的は次のようである。

> 発達障害を早期に発見し、発達支援を行うことに関する国及び地方公共団体の責務を明らかにするとともに、学校教育における発達障害者への支援、発達障害者の就労の支援、発達障害者支援センターの指定等について定めることにより、発達障害者

> の自立及び社会参加に資するようその生活全般にわたる支援を
> 図り、もってその福祉の増進に寄与することを目的とする。

　ここからは、子どもの発達障害の早期発見、早期の発達支援、
保育、教育、就労支援、地域での生活支援、権利擁護、保護者
支援などのライフステージ全般にわたる支援を講じることが目
指されており、そのための国及び地方公共団体の責務が述べら
れていると理解できる。つまり、その責務とは、①地域におけ
る一貫した支援であって、②一貫した支援のための関係機関の
連携、③専門家の確保を求めていくことになる。
　同法第4条では国民の責務は次のようである。

> 国民は、発達障害者の福祉について理解を深めるとともに、社
> 会連帯の理念に基づき、発達障害者が社会経済活動に参加しよ
> うとする努力に対して、協力するように努めなければならない。

　ここからは、理解されづらい障害といわれている発達障害に
ついて社会の理解が求められている。また、発達障害の理解の
ためには、国及び地方公共団体は、発達障害に関する国民の理
解を深めるため、必要な広報その他の啓発活動を行うものとす
るとされている。
　前者は第5条によると、市町村は、発達障害の早期発見に十
分留意しなければならないこと、発達障害の疑いがある場合に
はその子どもに継続的な相談を、医学的または心理学的判定を
受けることができるようにすることが明記されている。
　後者は第6条によると、市町村は、保護者に対し、その相談
に応じ、センター等を紹介し、または助言を行い、その他の適
切な措置を講じることが記されている。

11 障害者基本法

障害者の定義と療育

　同法は、障害のある人の法律や制度について基本的な考え方を示している。すなわち、障害のある人への対応の憲法ともいえる法律である。

　2011年8月5日、障害者基本法の一部を改正する法律が公布・施行された。この改正は、2006年12月に国連総会で採択された障害者権利条約の批准に向け、国内法整備の一環としてなされた。

　第1条の「目的」では、「全ての国民が、障害の有無にかかわらず、等しく基本的人権を享有するかけがえのない個人として尊重されるものであるとの理念にのっとり、全ての国民が、障害の有無によって分け隔てられることなく、相互に人格と個性を尊重し合いながら共生する社会を実現する」と明記している。

　改正の特徴は、障害者の定義の拡大と合理的配慮の導入である。

> 身体障害、知的障害、精神障害（発達障害を含む。）その他の心身の機能の障害（以下「障害」と総称する。）がある者であって、障害及び社会的障壁により継続的に日常生活又は社会生活に相当な制限を受ける状態にあるものをいう。

この定義のほかに、社会的障壁を次のように定めている。

> 障害がある者にとって日常生活又は社会生活を営む上で障壁となるような社会における事物、制度、慣行、観念その他一切のものをいう。

　この特徴では、障害者の捉え方が、心身の機能的損傷だけでなく、社会的障壁からくる障害の状態を判断するという点が加

わっている。これは、今日的には WHO（世界保健機関）が提起している ICF モデル図でいう、環境因子との関係に相当する。

第3条は地域社会における共生、第4条は差別の禁止、第11条は障害者基本計画、第14条は医療・介護、第16条は教育、第17条は療育について規定している。

療育に関して、第17条の第1項には、「国及び地方公共団体は、障害者である子どもが可能な限りその身近な場所において療育その他これに関連する支援を受けられるよう必要な施策を講じなければならない。」とある。第2項には、「療育に関し、研究、開発及び普及の促進、専門的知識又は技能を有する職員の育成その他の環境の整備を促進しなければならない。」とある。

ここでは、障害のある子どもたちが、地域療育を受けることが可能になるために、その支援方法を調べたり、伝えたりすることが重要であり、その専門職を育成することがポイントとなる。

教育に関して、第16条の第1項には、年齢及び能力に応じ、その特性を踏まえるため、教育の内容及び方法の改善が、第2項には、保護者への十分な情報提供が、第3項には、障害者でない児童との交流及び共同学習を積極的に進め、相互理解を促進することが定められている。

第2部

障害者差別解消法
2011 年の障害者基本法の改正を経て、2013 年に障害者差別解消法が制定された。これにより、合理的配慮の提供義務を含めた、障害者の権利を保障するための国内法が整備され、2014 年に障害者権利条約を批准することになった。

12 障害者権利条約

権利保障の徹底

障害者権利条約（障害者の権利に関する条約）は、2006年12月の第61回国連総会において採択された。2008年5月に発効した、21世紀では初の国際人権法にもとづく人権条約である。わが国は2014年に批准した。

同条約に関する審議の過程では、「私たち抜きで私たちのことを決めないで」（Nothing about us without us）というスローガンが画期的であり、障害者の当事者参加が強調され、障害者の視点から作られた点が特徴である。

第2条の「定義」では、障害にもとづく差別が次のように規定されている。

> **障害に基づくあらゆる区別、排除又は制限**であって、政治的、経済的、社会的、文化的、市民的その他のあらゆる分野において、他の者との平等を基礎として全ての人権及び基本的自由を認識し、享有し、又は行使することを害し、又は妨げる目的又は効果を有するものをいう。障害に基づく差別には、あらゆる形態の差別（**合理的配慮の否定**を含む。）を含む。

（太字は筆者）

第3条の「一般原則」は次のとおりである。

> (a)　固有の尊厳、個人の自律（自ら選択する自由を含む。）及び個人の自立を尊重
>
> (b)　無差別
>
> (c)　社会への完全かつ効果的な参加及び包容

（d）差異の尊重並びに人間の多様性の一部及び人類の一員とし
　　ての障害者の受け入れ

（e）機会の均等

（f）施設及びサービス等の利用の容易さ

（g）男女の平等

（h）障害のある児童の発達しつつある能力の尊重及び障害のあ
　　る児童がその同一性を保持する権利の尊重

幼児期から学齢期に関しての規定は、以下のものがある。

①第25条の「健康」では、障害のために必要とする保健サー
　ビス（早期発見及び早期関与）。

②第24条の「教育」では、人格、才能及び創造力並びに精
　神的及び身体的な能力をその可能な最大限度まで発達させ
　ること。障害に基づいて一般的な教育制度から排除されな
　いこと及び障害のある児童が障害に基づいて無償かつ義務
　的な初等教育から又は中等教育から排除されないこと。合
　理的配慮が提供されること。

③第30条の「文化的な生活、レクリエーション、余暇及び
　スポーツへの参加」では、一般と障害に応じた活動に参加
　する、他の児童との均等な機会を有すること。

13 障害者差別解消法

概要

　すべての国民が、障害の有無によって分け隔てられることなく、相互に人格と個性を尊重し合いながら共生する社会の実現に向け、障害を理由とする差別の解消を推進することを目的として、2013年に「障害を理由とする差別の解消の推進に関する法律」（いわゆる「障害者差別解消法」）が制定され、2016年から施行された。

経緯

- ・2006年12月　国際連合で障害者権利条約が採択
- ・2009年12月　障がい者制度改革推進本部が設置
- ・2011年8月　改正障害者基本法が成立
  （第4条に障害者差別禁止規定が盛り込まれ、本法はそれを具体化したもの）
- ・2012年9月　障害者政策委員会差別禁止部会が、差別禁止法への意見書をとりまとめた
- ・2013年6月　法律公布
- ・2016年4月　法律施行

この法律の概要は以下のようである。

①障害者権利条約や障害者基本法に実効性を持たせるための国内法整備として制定された。

②法律の理念を実現するために、何人も障害者差別をしてはならないことが明記された。

③日本国政府や地方公共団体・独立行政法人・特殊法人は、

障害者への合理的配慮に対策を取り込むことを法的義務とし、民間事業者については、努力義務ではあるものの、指導や勧告に従わなかったり、虚偽の事実を述べた場合は罰則の対象となる。

④障害者に対する合理的配慮については、この法律では特段の定義はないので、障害者権利条約第2条の定義によって定められる。

合理的配慮の提供
例えば、「車いすの利用者のために段差に携帯スロープを使う」「目が不自由な人からの求めに応じ、書類を読み上げる」。
障害のある人から、社会の中にある障壁を取り除くために何らかの対応を必要としているとの意思が伝えられたときに、負担が重すぎない範囲で対応すること。

不当な差別的取り扱い
例えば、「車いすだからといって入居を断る」「本人を無視して介助者だけに話しかける」。
正当な理由なく、障害を理由として差別すること。正当な理由がある場合でも、障害のある人に理由を説明し、理解を得るよう努めることが望ましい。

障害者権利条約
幼児期から学齢期の規定は、第24条の「教育」、第25条の「健康」、第30条の「文化的な生活、レクリエーション、余暇及びスポーツへの参加」がある。

コラム②：合理的配慮

　合理的配慮とは、「障害者が他の者と平等にすべての人権及び基本的自由を享有し、又は行使することを確保するための、必要かつ適当な変更及び調整であって、特定の場合において必要とされるものであり、かつ、均衡を失した又は過度の負担を課さないものをいう」と定義されている（障害者の権利に関する条約第2条）。つまり、障害者であることを理由に、対応の順序を後回しにしたり、「障害者不可」「障害者お断り」と表示・広告したり、本人を無視して介助者・支援者や付き添いの者のみに話しかけたりするなどの、不当な差別的な取り扱いを受けないようにするための配慮である。

　2013年6月に「障害を理由とする差別の解消の推進に関する法律（障害者差別解消法）」が制定され、施行されてから、すべての国民が障害の有無によって分け隔てられることなく、相互に人格と個性を尊重し合いながら共生する社会を目指すようになり、社会環境や法制度の整備が少しずつではあるが進んでいる。しかしながら、まだ障害者にとっての社会的障壁は多く存在している。地域社会において、障害者とともに暮らしている人々が、障害及び障害者への理解を深めていくことが必要となるだろう。

　さらに、障害者の権利に関する条約「第24条　教育」においては、教育についての障害者の権利を認め、この権利を差別なしに、かつ、機会の均等を基礎として実現するため、障害者を包容する教育制度等を確保することとし、その権利の実現に当たり確保するものの一つとして、「個人に必要とされる合理的配慮が提供されること」が位置づけられている。教育における合理的配慮の具体例としては、一人ひとりの状態に応じた教材等の確保（デジタル教材、ICT機器等の利用）、移動や日常生活の介助及び学習面を支援する人材の配置、バリアフリー・ユニバーサルデザインの観点を踏まえた障害の状態に応じた適切な施設整備、などがある。　　　　　　　　　（丸山亜梨沙）

第**3**部

子ども理解

14 障害の理解

ICF（国際生活機能分類）とは

ICF（International Classification of Functioning, Disability and Health）は、WHO（世界保健機関）による健康と障害に関する枠組みである（図1）。ICFは人間の生活機能と障害に関する状況の

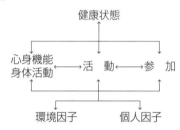

図1　ICFの構成要素の相互作用

記述を目的として分類されており、健康状態、心身機能、身体構造、活動と参加、環境因子、個人因子で構成される。ICFにおける生活機能とは、心身機能、活動、参加のすべてを表す。活動とは、個人による課題や行為の遂行である。参加とは、生活・人生場面への関わりである。環境因子は人々が生活し、人生を過ごしている物理的環境、社会的環境、人々の社会的な態度による環境によって構成される。

ICF（国際生活機能分類）が示す「障害の概念」

ICFが示す障害の概念は、構造障害を含む機能障害、活動制限、参加制約を包括したものである。活動制限とは、個人が活動を行う際の困難さである。参加制約とは、個人が生活・人生場面に関わる際に経験する問題である。ICFでは、障害は一部の人にのみ起きるのではなく、すべての人が人生のいずれかの時期に経験するものと捉えている。

心身機能							
精神機能	感覚機能と痛み	音声と発話の機能	心血管系・血液系・免疫系・呼吸系の機能	消化器系・代謝系・内分泌系の機能	尿路・性・生殖系の機能	神経筋骨格と運動に関連する機能	皮膚及び関連する構造の機能

身体構造							
神経系の構造	目・耳および関連部位の構造	音声と発話に関わる構造㋒	心血管系・免疫系・呼吸器系の構造	消化器系・代謝系・内分泌系に関連した構造	尿路性器系および生殖系に関連した構造	運動に関連した構造	皮膚および関連部位の構造

活動と参加								
学習と知識の応用	一般的な課題と要求	コミュニケーション㋐	運動・移動	セルフケア	家庭生活	対人関係	主要な生活領域㋑	コミュニティライフ・社会生活・市民

環境因子				
製品と用具	自然環境と人間がもたらした環境変化	支援と関係	態度	サービス・制度・政策

図2　ICF-CY（児童版）の構成要素に含まれる領域（ICF-CY をもとに筆者作成）

第3部

ICF-CY（児童版）

　ICF を補完する目的で、18歳未満の児童を対象とする ICF-CY（児童版）が開発され、2009年に日本語版が発刊された。図2に、ICF-CY の構成要素に含まれる領域を示した。ICF に加えて ICF-CY では、児童・青少年期に特有な項目として「言語以前の発語（哺語の表出 d331、図2㋐）」「就学前教育時の生活や課外活動（遠足や行事等 d816、図2㋑）」「乳歯（s32000、図2㋒）」等の項目が追加されている。

ICF-CY（児童版）を活用した障害の理解

　ICF-CY の活用によって子どもの実態を把握し、指導内容、指導方法を支援者間で共通理解することが期待できる。子どもの健康状態および心身機能、身体構造をおさえた上で、活動や参加を促している環境要因（促進要因）と、活動制限や参加制約を生んでいる環境要因（阻害要因）について整理することにより、支援者間での認識のズレを修正することが可能となる。このようにして支援者間で目標を設定し、保育・教育・医療・行政・家庭等各分野の担当者が役割分担を明確にして、一人ひとりの子どもの実態に応じた発達支援につなげていくことが望ましい。

15 発達の理解

発達の概念

　発達の概念は、専門領域によって異なる部分がある。小児科学では、発達は運動、知覚、言語、社会性等さまざまな機能が進歩することを指し、身長・体重・頭囲といった身体の発育と区別している。一方、発達心理学者のエリク・H・エリクソンが発表した心理社会的発達理論では、発達を誕生から死亡までの心理社会的変化と捉えている。エリクソンの理論では、人生の中で乳児期から老年期までの8つの発達段階が設定され、各段階には発達課題と心理社会的危機があるという（表1）。例えば幼児後期には、社会的規範を守り、集団の中で適応しようとする自発性が芽吹く時期であるが、それに対して幼児がルールを逸脱する行為をした場合には、当該児が罪悪感を体験することになる。このように、それぞれの発達段階にはポジティブ／ネガティブな対の概念が存在する。この時期の幼児は、「自発性＞罪悪感」のバランスを保持しつつ、さまざまな生活経験を積み重ねることが理想である。したがって、保育者は、対象児のライフステージに即した発達課題及び心理社会的危機の双方を理解した上で関わることが望ましい。

発達の理解

　発達を理解する手がかりとして、乳幼児期の定型発達を運動機能、知覚、言語、社会性・生活習慣に分類して表2に示した。運動機能は粗大運動と微細運動に細分した。各領域の発達状況は子どもの発達に相互に影響する。例えば、知覚の中の視覚・聴覚の発達と言語発達はコミュニケーション手段の獲得に影響

表1　エリクソンの心理社会的発達理論
（出典：小口忠彦（1983）『人間の発達過程』明治図書出版）

発達期	年齢の目安	発達課題	心理社会的危機
乳児期	0〜1	基本的信頼	不信
幼児前期	1〜3	自律性	恥・羞恥・疑惑
幼児後期	3〜6	自発性	罪悪感
児童期・学齢期	6〜12	勤勉性	自発性
青年期	12〜20	自我同一性	同一性の拡散
成人期	20〜30	親密性	孤独
壮年期	30〜65	生殖性	停滞性
老年期	65〜	自我の統合性	絶望

第3部

表2　乳幼児の発達の目安（筆者作成）

月/年齢の目安	運動機能 粗大運動	運動機能 微細運動	知覚	言語	社会性・生活習慣
3ヵ月	肩関節の動きが増大する	玩具を握る	聴覚閾値 60dB 程 人の顔を見つめる 味の好みが出始める	クーイングをする 喃語（母音）を発する	あやされると喜ぶ
6ヵ月	寝返りをする	わしづかみをする	聴覚閾値 37dB 程 聞き慣れた声と聞きなれない声を区別する 食物の好き嫌いが生じる	喃語（子音＋母音）を発する	母親と他者の区別がつく 食物を持って食べる
9ヵ月	つかまり立ちをする	物をつまんで口に入れる	聴覚閾値 30dB 程 名前を呼ぶ声や電話の着信音に反応する	両唇音（例：ママ）を発する	手を握る（バイバイ） 母親を後追いする
1歳	歩く 椅子にのぼる	本の頁をめくる 利き手が明確になる	聴覚閾値 20dB 程	語彙数 50 程度 1 語文を話す 聞き慣れたメロディーを歌う	スプーンを使用する 排尿後に知らせる ボールのやり取りを喜ぶ
2歳	手すりにつかまり階段を上る 両手で鉄棒にぶら下がる	ハサミで直線を切る 積み木を5〜6個積む	聴覚閾値 13dB 程 視力 0.5 程 痛刺激の認定を正確に行う	語彙数 300 程度 2〜3語文を話す 「何？」が多くなる	尿意・便意を知らせる 他児と会話しながら遊ぶ
3歳	三輪車のペダルをこぐ 数秒間片足立ちをする	ボタンのある服を着脱する 積み木でトンネルを創る	視力 0.6 〜 0.7 程 両眼視機能を獲得する	語彙数 1000 程度 従属文を話す（例：暑いからシャツ脱ぐ）	箸を使用する 夜間のおむつが不要になる 他者の痛みに共感する
4歳	片足跳びをする 速度を調節しながら走る	歯ブラシを上下左右に動かす		語彙数 1500 程度 音韻分解をする*1	勝負に負けると悔しがる 体験を身近な人に話す
5歳	自転車に乗る スキップをする ジャングルジムの頂上に登って立つ	ハサミで曲線を切る 指を1本ずつ曲げる 図形（例：△）や平仮名を書く	視力 1.0 程	語彙数 2000 程度 音韻抽出をする*2 しりとり遊びをする ほぼすべての平仮名を読む	フォーク・ナイフを使用する 泣きたい心情を抑える 友だちと一緒に遊ぶことを楽しむ

*1 音韻分解：単語を音節に分ける　*2 音韻抽出：単語の音節を分離して取り出す

するほか、ひいては社会性の発達にも関わる。また、言葉を話したり書いたりすることは、運動機能の発達とつながっている。

16 生活の理解

子どもの生活の場

　乳幼児の主な生活の場は、保育所・幼稚園等の園生活と、家庭生活（習い事や子ども会等、地域の人々との関わりを含む）とに大きく二分できる。子どもの生活全体の中で、園生活と家庭生活が占める割合は、保護者の就業状況や子どもの発達状況等により、個別に異なる。

障害のある子どもの生活の場

　障害のある子どもの生活の場は、定型発達の子どもの生活の場に加えて、医療機関や療育施設等がある（図1）。例えば、通所型の施設利用児の場合は、施設、保育所・幼稚園等、家庭が生活の場となる。一方、入所型の施設利用児の場合は、生活の場が施設のみとなる。

障害のある子どもの生活の理解

　障害の有無にかかわらず、大多数の子どもは園と家庭との間で、異なる振る舞いを見せる。園では先生や友だちに認めても

図1　障害のある子どもと定型発達児の生活の場（筆者作成）

らえるようにクラスのルールを守ったり、自分にできることを
精一杯頑張ったりする一方で、家庭に帰れば緊張を解き、心を
ほぐして家族に甘える子どもがいる。子どもたちは無意識に複
数の生活場面の中で自分なりに気持ちを切り換え、心のバラン
スの保持を試みている。

　定型発達児や通所型施設の利用児には、複数の生活場面の区
切りがある。したがって前述のような緊張の度合いを切り換え
るチャンスがあるとはいうものの、障害のある子どもの中には、
気持ちの切り換えに困難性を持ち、緊張の連続による疲労を見
せる子もあるため、留意が必要である。さらに、入所型施設で
は生活場面のすべてが施設にあることから、子どもが心の緩急
を切り換えるチャンスに恵まれない場合にはストレスの増大を
招く。したがって、特に障害のある子どもの保育では、自分に
できることを行い、周囲の人から認めてもらえる生活場面と、
わがままを言って甘えられる生活場面の2本の柱を設定するこ
とが重要である（図2）。

第3部

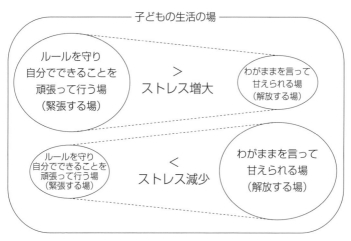

図2　子どもの生活の場（筆者作成）

17 実態把握

子どもの実態把握

　子どもの実態把握とは、誕生から現在までの発達過程および現在の発達段階を知ることである。発達に著しい偏りのある子どもへの適切な支援方法を検討するためには、当該児のパーソナリティや得意分野・苦手分野に加えて、養育環境、親子関係等について多面的な情報を得た上で実態把握をすることが重要である。実態把握にはアセスメントが必要であり、アセスメント時の情報収集手段には3つの方法「観察法」「面接法」「検査法」がある（→**27**）。観察法は保育・教育現場で、検査法は医療機関で実施されることが多い。面接法については、いずれの場面でも行われる場合が多い。

観察法による実態把握

①子どもが遊ぶ様子

　保育者は、毎日子どもと園生活をともにしているため、子どもの行動を観察する機会に恵まれている。保育者がアセスメントの視点を持って子どもの振る舞いを観察すれば、多くの有用な情報を観察することが可能である。表1に、遊びの場面において子どもの行動を観察するときの視点を例示した。例えば、複数の積み木を組み合わせたり、粘土や折り紙の形を思いのままに構成したりする「構成遊び」は、定型発達児では3歳頃から見られる。このような発達の知識をもつ保育者は、眼前の子どもの生活年齢を踏まえて当該児が遊ぶ姿を観察し、自身の知識に照らして子どもの発達段階とのギャップを確認することが可能となる。その他、ボール遊びをする姿やハサミを使う様子

表1　子どもの行動観察時の視点　—遊びの場面—（筆者作成）

お気に入りの玩具は何か
音・光の出る玩具、振動する玩具をどのように使って遊ぶのか
ボールをどのように使って遊ぶのか
楽器をどのように使って遊ぶのか
ハサミをどのように使っているか
スイッチ操作が必要な玩具をどのように使って遊ぶのか
複雑な仕掛けがある玩具をどのように使って遊ぶのか
積み木・粘土・折り紙をどのように使って遊ぶのか
ままごと道具・ミニカー・電車模型でどのように遊ぶのか
人形をどのように使って遊ぶのか
クレパスを使ってどのような表現をするのか

表2　行動観察時の視点　—親子が関わる場面—（筆者作成）

親子間のスキンシップの程度
保護者と離れるときの子どもの言動・行動
保護者と再会したときの子どもの言動・行動
子どもと離れるときの保護者の言動・行動
子どもと再会したときの保護者の言動・行動
子どもがパニック状態になったときの保護者の言動・行動

第3部

から、運動機能（粗大運動と微細運動）の発達状況を確認することもできる（→**15**）。

②子どもと保護者が関わりあう様子

子どもと保護者が関わりあう様子を観察することにより、親子関係が推察できる。子どもに多動、あるいは指示が通らない等の特徴が強い場合には、保護者の育児ストレスが増大する。一方、子どもはほめられるよりも注意を受けることが多くなり、保護者に対する愛着よりも負の感情の方が強くなる。発達に著しい偏りのある子どもにとって、保護者は最善の支援者であることが望ましい。したがって、行動観察で実態を把握し（表2）、愛着障害が疑われる場合には、保育者が親子間の健全な愛着形成を支援する必要がある（→**28**）。

18 発達障害

発達障害とは

　発達障害（DDs：Developmental Disabilities）の定義について、わが国では発達障害者支援法の定義に準拠している。その発達障害者支援法は、ICD-10（国際疾病分類）に基づいて発達障害を定義している。一方、精神医療分野における診断は、DSM-5（「精神障害の診断と統計マニュアル」第5版）に基づいて行われている。ICD-10とDSM-5では、障害・疾病の分類法や診断名が異なっている。発達障害には、自閉スペクトラム症（→⑲）、注意欠如・多動症（→⑳）、限局性学習症（→㉑）、知的能力障害群（→㉒）、発達性協調運動症、小児期発症流暢症（吃音）、チック症群等が含まれる。法的には、何らかの脳機能障害が存在すること、及び低年齢期に生じるものであることを前提としている。

発達障害児の通常学級在籍率

　表1に、文部科学省が平成24年度に実施した調査結果を示した。表内の数字は、知的発達障害のない小・中学校通常学級の児童生徒が（ア）学習面、（イ）不注意又は多動性・衝動性、（ウ）対人関係やこだわり等について著しい困難を示した百分率である。（ア）は限局性学習症の特徴、（イ）は注意欠如・多動症、（ウ）は自閉スペクトラム症の代表的な特徴である。（ア）から（ウ）だけでなく、発達障害には複数の特徴が併存することが珍しくない。

表1 知的発達障害のない小・中学生が著しい困難を示した割合（数字は%）
出典：平成24年文部科学省調査（n=52,272）

学習面または行動面	6.5	男子	9.3
		女子	3.6
学習面	4.5	男子	5.9
		女子	2.9
不注意または多動性・衝動性	3.6	男子	5.2
		女子	1.0
対人関係やこだわり等	1.1	男子	1.8
		女子	0.4

表2 発達性協調運動症の子どもが困難を示す協調運動の例（筆者作成）

運動の種類	協調運動の例。（　）内は主に使う部位
粗大運動	飛んできたボールを受ける（目と手）
	自転車に乗る（手と足）
	縄跳びをする（手と足）
	泳ぐ（手と足）
微細運動（巧緻運動）	板書を見て、ノートに書く（目と手）
	はさみで紙を切る（目と手）
	絵を描く（目と手）
	ボタンをかける（手と手）

第3部

乳幼児期に気づかれにくい発達障害

　周囲の人から気づかれにくく、かつ限局性学習症や注意欠如・多動症、自閉スペクトラム症との併存が多い発達障害に、発達性協調運動症がある（表2）。これは、目と手、手と足等、複数の部位を同時に使う協調運動の獲得や遂行に著しい困難を伴うものである。乳幼児期は、すべての子どもが粗大運動から微細運動へと運動能力を獲得していく時期であり、それらを獲得する速さには個人差があることから、周囲の人からは障害の有無がわかりづらい。したがって、発達性協調運動症は学齢期以降に発見される場合が多い。

19 自閉スペクトラム症

自閉スペクトラム症（ASD）とは

　自閉スペクトラム症（ASD：Autism Spectrum Disorder）は、DSM-5（「精神障害の診断・統計マニュアル」第5版）にて、神経発達障害として分類された中の一つである。ASDは自閉症の特徴が顕著な人からさほど目立たない人まで、また知的障害のない人から重い人までのさまざまなパターンを連続的に含む複合体であることから、「スペクトラム」の言葉が用いられている。一方、ICD-10（国際疾病分類第10版）では、ASDは広汎性発達障害に含まれている。

自閉スペクトラム症の特徴

　自閉スペクトラム症の特徴は、社会性の障害（社会的コミュニケーションおよび相互関係における持続的障害）と常同性（限定された興味の対象への反復的なこだわり行動、常同行動）とを併せ持つことである。自閉スペクトラム症の子どもの特徴と行動例を表1に示す。

事例

　4歳のA児は絵を描くことが好きで、桃色に強いこだわりを持っていた。絵を桃色で描くほか、所持品はすべて桃色で統一していた。遊園地で観覧車に乗る際に桃色のゴンドラが回って来るまで待って乗車するなどの姿が見られた。

支援例

　入園当初のA児は、慣れない園生活に強い不安を抱えており、

表1　自閉スペクトラム症の子どもの特徴と行動例（DSM-5 をもとに筆者作成）

特徴	特徴的な行動の例
社会的コミュニケーションおよび相互関係における持続的障害	①他者の表情や身振りから心情を読み取りながら話すことが難しい
	②話す相手と視線を合わせることが難しい
	③一人で遊ぶことが多い 他児との適切な友だち関係を維持することが苦手である
限定された興味の対象への反復的なこだわり行動、常同行動	④オウム返し（エコラリア）や、独特の言い回しを繰り返す 自分が回ったり、玩具を繰り返し回したりする
	⑤特定の食品を食することへの要求が著しく強い いつもと同じ道順／手順でないと怒る 急な予定の変更には対応が難しい
	⑥特定の物／色等にきわめて強い興味を持つ 順位のつく遊びでは1番にこだわる
知覚・感覚の異常	⑦さまざまな物の匂いを嗅ぐ 身体に触れられると激しい痛みを感じる 骨折していても、さほど痛がらない 寒い冬でもお気に入りの半袖シャツを着る 特定の食感を著しく好む／嫌う 服の縫い代に触れるのを嫌い、裏返して着る

第3部

図1　一日の予定表（例）

図2　手順カード（例：給食の準備）

好きな桃色に囲まれることによって不安な心情を慰めていた。先の見通しをもつことが困難なA児に向けて、保育者が一日の予定や、活動の手順を構造化し視覚的に示すことにより、A児の不安は軽減され、桃色に対するこだわりも軽減した（図1、図2）。

20 注意欠如・多動症

注意欠如・多動症（ADHD）とは

　注意欠如・多動（ADHD：Attention Deficit Hyperactivity Disorder）は、DSM-5（「精神障害の診断・統計マニュアル」第5版）（→コラム③）にて、神経発達障害として分類された中の一つであり、不注意優位型、多動性・衝動性優位型、混合型の3タイプに分類されている。ADHDの症状は12歳以前に発現する。現在、ADHDは子どもだけでなく、成人でも発症すると考えられている。診断上は17歳で区切りが設定されており、17歳以上の人はそれ未満の人と診断基準が一部異なる。一方、ICD-10（国際疾病分類第10版）では、ADHDは多動性障害に含まれている。

注意欠如・多動症の特徴

　ADHDの特徴は、表1に例示したような当該児の発達水準に不相応な行動が少なくとも6ヵ月持続することである。それにより、園や学校生活における集団生活が困難となる。

事例

　製作遊びの場面で、先生が見本を示しながら手順を説明する間、3歳のA児は離席し室内を走った。説明が終了し他児が作業を始めると、A児は自席に戻り黒色クレパスで紙に線を描いた。その後、先生から赤色の使用を指導されて塗り重ねたため、A児の作品は見本と大きく異なるものとなった。A児は隣の園児の作品に視線を向けた後、再び離席し室内を走った。先生から着席を促されたA児は履いていた上靴を脱ぎ、それを強く噛んだ。

表1　ADHD の子どもの特徴と行動例（DSM-5 をもとに筆者作成）

特徴	特徴的な行動の例
不注意	①自分の足元に注意が及ばず、物につまずいて転倒する
	②先生の話を最後まで集中して聞くことが困難である
	③上の空で、相手の話を聞いていないように見える
	④先生の指示に従うことが困難である
	⑤手順を決めて活動することが困難である。遅刻が多い
	⑥作業や課題を最後までやり抜くことが困難である
	⑦道具や所持品を失うことが多い。忘れ物が多い
	⑧作業中に別の関心物を見つけると、作業を止めてそれに関わる
	⑨約束したことを忘れやすい
多動性・衝動性	①着席中に、手足など身体の一部を動かしている
	②着席すべき場面で離席し、歩いたり走ったりする
	③電車やバスのつり革にぶら下がって遊ぶ
	④静かに遊ぶことが困難である
	⑤衝動に駆られて突き動かされるように動き回る
	⑥静かにすべき場面でも、話し始めると止まらない
	⑦相手が質問を言い終える前に答える
	⑧順番を待つことが困難である
	⑨他の人々の会話に割り込む

第3部

支援例

　A児は、短時間であれば先生の話を聞くことができた。また、他児の楽しげな姿を見て、その活動に参加した。そこで保育者は、次回よりA児を含め全員が指定色のクレパスを握った状態で号令をかけて作業を開始した。それにより、手順を誤って失敗する園児はいなくなり、全員で成功体験を共有することができた。一方、意に沿わないことがあると上靴やトイレの下駄を噛んでいた行動に対しては、A児がストレス軽減策としていた噛みの対象を、不衛生な物から衛生的な支援用品に変更させた。噛む行為の容認と噛む対象の変更により、A児は行動を制止された場合にも反抗的な態度を示したり、暴れたりしなくなっていった。

21 限局性学習症

限局性学習症（SLD）とは

　限局性学習症（SLD：Specific Learning Disorder）は、脳・中枢神経の成長発達に関する神経発達障害群の一つである。表1に例示したような読み・書き・計算・推論等、学業に必要な技能のうち1つ以上の使用に困難があり、その困難が6ヵ月以上持続していることで明らかになる。そのため、教科学習を開始する学齢期以降に発見される場合が多い。

限局性学習症の特徴

　SLD児の知的発達は暦年齢相応であり、他児との会話や遊びを楽しんでいる子どもが多い。そのため、当該児の学業不振は周囲の人々から「本人の努力不足によるもの」と誤解される場合が少なくない。また、読み書きが苦手であることにより、それ以外の能力についても他者から低い評価を受ける場合もある。

事例

　小学1年生のA児は、国語の教科書を滑らかに読むことができなかった。一方、算数の教科書は時間をかければ部分的に読むことができた。

支援例

　A児には、視覚情報の処理に特徴があった。国語の教科書は明朝体・縦書きで表記されていたため、A児は読むことが困難であった。一方、算数の教科書は横書きで、一部分がゴシック体の表記であった。A児が読んだのは、算数の教科書の中の横

表1 SLDの子どもの学習上の困難事例（DSM-5をもとに筆者作成）

学業に必要な技能	学習上の困難事例
読字	文章を滑らかに読むことが困難で、時間をかけて拾い読みをする
	「ぬ・め」「ね・わ」等、形の似ている文字を読み間違える
	文の中で、文節や単語の区切りを見分けることが困難
読解	文中の単語の意味、単語間の関係性、内容理解が困難
書字	鏡文字を書く。文字に余分な線や点が入る
	綴字の困難
	文の構成・句読点の位置が不正確になる
	漢字の部首（偏と旁）をマス・行内にバランスよく書くことが困難
	段落をまとめるのが困難
計算	数の概念、数値、または計算の習得が困難
推論	数学的に推論することや、数学的方法を適用することが困難

第3部

書き・ゴシック体の部分であった。教師は、A児の観察を通じてその特徴に気づき、国語の教科書の文字をゴシック体・横書きで印字したプリントを作成したところ、A児はゆっくりとそれを読むことができた。

　本事例のA児には視覚性の読み障害が見られたが、他の事例では、音を組み合わせて単語を作ったり、単語を音に分解して入れ替えたりするための「音韻意識」の獲得を困難とする音韻性読み書き障害の子どももいる。SLD児は、読めない・書けないことから自信を失い、不登校になる場合がある。したがって保育者・教育者には、そのような二次障害を生じさせないために、各児の特徴に即した個別の教材開発、及び教育的配慮が必要となる。

22 知的能力障害群

知的能力障害とは

　知的能力障害（Intellectual Disability）は、発達期に発症する知的機能及び適応機能の欠如を含む障害である。知的機能の評価は、標準化された個別の知能検査や臨床的評価によって行う。その評価内容には、論理的思考力、問題解決力、計画力、抽象的思考力、判断力、学校における学習、生活経験からの学び等が含まれる。適応機能は、家庭や園・学校、地域社会等における社会文化的な適応水準を評価する。知的能力障害の特殊な例としては、出生前の染色体異常や感染症、外傷、出生後の虐待等による障害がある。

知的能力障害の特徴

　知的能力障害の子どもの特徴は、発達段階や性格等によって個人差が大きい。その中で、周囲の大人の対応を必要とする行動が見られた事例を表1に示した。当該児は、思い通りにならないことがあったり、大きな不安が生じたりする場面でパニックになることがあり、その結果として自傷行為や他害行為を示す場合がある。

事例

　小学1年生のA児は、学校での生活態度がよい一方で、家庭では母親と妹に対して激しく暴力をふるっていた。知能検査の結果は境界領域知能であり、算数の授業にはついていけない。そこで、教師がルールを守るA児の努力を認めてクラスで紹介したところ、A児の家庭内暴力が減少した。

表1　知的能力障害の子どもの対応が必要な行動の事例（DSM-5 をもとに筆者作成）

対応が必要な行動の例	
食事	過食、偏食、異食
排泄	失禁、便いじり
睡眠障害	不眠、過眠、概日リズム睡眠障害
多動	状況に関係なく、興味を感じたものの方に走っていく
強迫行為	布団やシーツのしわを徹底的に直す
自傷・他害行為	自分の頭を叩いたり、他者の手を噛んだりする
パニック	かんしゃくを起こし、泣いたり暴れたりする

支援例

　IQ70〜85 は境界領域知能とされ、状況によっては周囲の理解と支援が必要なレベルである。A児は、自分が算数の授業についていけないことを他児に知られたくないとの思いが強かった。それに加え、学校生活においては他者から注意を受けることのないよう校則を守り、常に緊張して過ごしていた。教師は、保護者から家庭内暴力の話を聞いて、他者から軽視されることを極端に恐れている A児のストレスについて理解し、クラスで A児の得意なところを紹介するようにした。それにより、徐々に A児の家庭内暴力を軽減させることができた事例である。

　最近は、知的能力障害を知能指数（IQ）だけで判断することはなくなりつつある。したがって支援者は、IQ を参考にして、学力、社会性、生活自立の各領域において、対象児がどの程度適応できているかをアセスメントし、個別の指導計画に反映することが必要である。

第3部

23 肢体不自由

肢体不自由とは

　肢体不自由には複数の定義がある。厚生労働省は身体障害者福祉法をもとに「上肢・下肢・体幹の機能障害もしくは乳幼児期以前の非進行性の脳病変による運動機能障害」を身体障害者手帳の認定基準としている（表1）。文部科学省は「身体の動きに関する器官が、病気やけがで損なわれ、歩行や筆記などの日常生活動作が困難な状態をいう」としており、医学では「発生原因に拘らず、四肢体幹に永続的な障害があるもの」と定義している。

肢体不自由の特徴

　上肢・下肢の障害では、両側か一側かによって、あるいは障害部分の範囲等によって生活上の困難が異なる。欠損の他に、外見上の障害は見られなくとも麻痺や萎縮等のある人もいる。そのため、手指に力が入らず筆記具や食器等を思うように持てない人や、下肢に力が入らず体幹を支えることが困難な人もいる。

事例

　3歳のA児には、二分脊椎症を原因とする歩行困難があった。A児は言語発達に問題はなく、知的な遅れもない好奇心旺盛な幼児であったが、歩けないという理由で複数の園から入園を断わられた。そこで、A児が通っていたB療育機関がC幼稚園に向けて、A児の入園許可を打診した。

表1　肢体不自由児・者の障害部位・障害程度
（身体障害者福祉法に基づく身体障害者障害程度等級表をもとに筆者作成）

	上肢	下肢	体幹	乳幼児期以前の非進行性の脳病変による運動機能障害	
				上肢機能	運動機能
1級	・両上肢機能を全廃したもの ・両上肢を手関節以上で欠くもの	・両下肢機能を全廃したもの ・両下肢を大腿の2分の1以上で欠くもの	・体幹の機能障害により坐っていることができないもの	・不随意運動・失調等により上肢を使用する日常生活動作がほとんど不可能なもの	・不随意運動・失調等により歩行が不可能なもの
2級	・両上肢機能の著しい障害 ・両上肢のすべての指を欠くもの ・一上肢を上腕の2分の1以上で欠くもの ・一上肢機能を全廃したもの	・両下肢機能の著しい障害 ・両下肢を下腿の2分の1以上で欠くもの	・体幹の機能障害により坐位または起立位を保つことが困難なもの ・体幹の機能障害により立ち上がることが困難なもの	・不随意運動・失調等により上肢を使用する日常生活動作が極度に制限されるもの	・不随意運動・失調等により歩行が極度に制限されるもの
3級	・両上肢の第一指及び第二指を欠くもの ・両上肢の第一指及び第二指機能を全廃したもの ・一上肢機能の著しい障害 ・一上肢の全ての指を欠くもの ・一上肢の全ての指機能を全廃したもの	・両下肢をショパール関節以上で欠くもの ・一下肢を大腿の2分の1以上で欠くもの ・一下肢機能を全廃したもの	・体幹の機能障害により歩行が困難なもの	・不随意運動・失調等により上肢を使用する日常生活動作が著しく制限されるもの	・不随意運動・失調等により歩行が家庭内での日常生活活動に制限されるもの

第3部

支援例

　A児の入園にあたり、B療育機関から医師・看護師・理学療法士・保育士らのチームがC幼稚園を訪ね、全職員に医療的ケア（導尿）の勉強会を行った。養護教諭免許を持つ熟練保育者が副担任となり、力を要する支援は若い保育者が担当した。C幼稚園入園後には保育者のケアを受けて、A児は卒園までに自己導尿が可能となった。その他の特別な配慮として保育者は、感覚鈍磨による怪我や褥瘡（A児は痛覚が鈍感であるため、傷が生じても本人は気づかない）への配慮、及び排便時の支援を行った。歩行については、A児は入園前には床を這って移動していたが、幼稚園では装具を付けて歩行訓練を行った。このようにしてA児は、3年間の園生活を送り、他児とともに卒園した。本事例は、全職員が一丸となってA児の受け入れ体制を整えたことによる支援の成功例である。

24 重症心身障害

重症心身障害とは

　重症心身障害児とは、重度の知的障害及び重度の肢体不自由が重複している児童である（児童福祉法第7条の2）。重症心身障害は医学的診断名ではなく、児童福祉で行政措置を行うための呼称である。重症心身障害の発生原因は、出生前の胎内感染症、脳奇形、染色体異常等、出生時の分娩異常、新生児期の低酸素、新生児仮死等、周生期の脳炎等の中枢神経感染症、てんかん等の症候性障害、幼児期の溺水事故、交通事故等がある。近年のわが国の周産期医療の進歩によって超／極低出生体重児の救命率が向上し、それに伴って重症心身障害児の発生数は増加している。

重症心身障害の特徴

　重症心身障害児は、仰臥位（仰向け）で過ごすことが多い。一方、「大島の分類」における重症心身障害児からは外れるが、動く重症心身障害児と呼ばれる、歩いたり走ったりする児もいる。また、医療的ケアを要する重症心身障害児もいる。表1に重症心身障害児の特徴を示した。

事例

　2歳のA児は、自分で姿勢を変えることや保つことを困難とし、人工呼吸器を装着している。栄養摂取は経管栄養法で行っている。平日は毎日、児童デイサービスに通っている。

表1　重症心身障害児の特徴（筆者作成）

姿勢	仰臥位でいることが多い。自力で姿勢を変えたり保持したりするのが困難
移動	車椅子を使用している児が多い
排泄	介助を要する
入浴	介助を要する
食事	介助を要する。誤嚥を起こしやすい。経管栄養を要する児もいる
変形・拘縮	四肢の変形または拘縮、側弯や胸部の変形を伴う児が多い
筋緊張	筋肉が著しく緊張し、思うように手足を動かすことが困難
骨折	骨の強度が低く、大腿骨、上腕骨、脛骨、指で骨折が起こりやすい
呼吸器	肺炎気管支炎を起こしやすい。人工呼吸器を装着している児もいる
コミュニケーション	言語理解や意思伝達が困難な児が多い。嬉しいときに笑顔になる児もいる

第3部

支援例

　A児が通う施設では、排泄や入浴時には同性介助を基本としている。食事については、経口摂取をする他の利用児たちの昼食時間帯に、看護師がA児に経管栄養法を行っている。このようにして、食事の方法は異なれども皆で食事時間の楽しさを共有している。また、人工呼吸器の必要性を未だ理解していないA児が煩わしさから気管チューブを手で外そうとした際には、職員がやさしい言葉をかけ、チューブ装着の大切さを根気強く伝えている。さらに、天候のよい日にはA児を車椅子に乗せて街を散歩する。

　このようにして職員は、戸外で過ごす機会が少ないA児に、地域の人々と積極的に関わる機会を作っている。これは、看護師・理学療法士・保育士・介護士等の専門職が協働で子どもに関わると同時に、近隣の小児科医院とも連絡を取り、医療・看護・福祉が連携した取り組みを行っている施設の例である。

25 気になる子ども

気になる子どもとは

　「気になる子ども」の用語は、1990 年代以降に主に保育者や教育者等によって用いられており、発達障害等の診断を受けた子どもや、保育者の観察を通じて発達の偏りが疑われる子ども等が含まれる。これらの子どもは、自分の思い通りに進まないことについて、その理由を論理的に理解することができずに困っている。そうした状況に苛立ちを感じて、他児や自分自身を傷つける行動を示すことも珍しくない。生き辛さを持って園生活を続けているこれらの子どもは、保育・教育の場、および地域社会、家庭の各生活場面にて、特別な支援ニーズを有している。

特別な支援ニーズを有する子どもとは

　特別な支援ニーズを有する子どもとは、障害がある子ども、パステルゾーンの子ども、医療的配慮の必要な子ども、日本語を母語としない子ども、外国の文化をもつ子ども、宗教的な配慮が必要な子ども、極端な貧困状態にある子ども、虐待を受けている、もしくは受けている疑いのある子ども、トランスジェンダー（LGBT）の子どもなど、文化的・社会的・民族的・性的マイノリティの子ども、及び教育・保育現場で特別な配慮を必要とする子どもの総称である。

気になる子どもの捉え方

　図1に、特別な支援ニーズを有している子どもが気になる行動を表し、「気になる子ども」と呼ばれるまでの過程を示した。文化的・社会的・民族的・性的マイノリティであること自体に

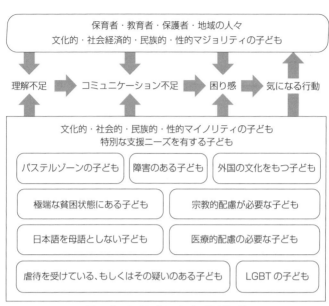

図1　気になる子どもの概念（筆者作成）

問題はないが、人々のさまざまな「違い」から生じる摩擦により、相互の理解不足やコミュニケーション不足が生じ、大多数の人々から見た少数派の子どもたちの振る舞いが「気になる行動」として映っているのが現状である。

すべての子どもが育ち合うインクルーシブ保育及び教育

　わが国は、EU加盟国や米国、カナダ等の国々と同様に、すべての子どもが育ち合うインクルーシブ保育および教育を推進している。インクルーシブ保育とは、障害やその他の理由で特別なニーズを有する子どもを含むすべての乳幼児が、保育所・幼稚園・認定こども園等において、差別なく合理的配慮を受けて同じ施設を使い、同じ活動に参加し、同じ経験を楽しむ保育の形態である。

26 問題行動

問題行動とは

　問題行動について明確な定義はないが、障害児保育分野における子どもの問題行動とは、保育所等で社会的に容認されづらい行動を指して表現されることが多い。例えば、他児への暴言や暴力、物を壊す等の振る舞いがそれに当たる。さらに、着席が期待される場面での離席や、集団活動への不参加を問題行動に含む保育者もいる。

問題行動の背景にある問題

　問題行動とされる振る舞いをする子どもは、その行動に至る要因を抱えている。例えば、他児を叩いた児が言語発達の遅れの問題を抱えている場合がある。自分の心情を言葉で思うように伝えることができないもどかしさから手が出ることもある。一方、発達障害の特徴として強い衝動性を持ち、激高しやすく衝動的に手を出す児もいる。このように、一つの行動にもその子どもによって各々の背景要因がある（表1）。特に幼児期では、本人が自身の問題を把握できておらず困惑している場合が多い。したがって、各児が抱える問題をアセスメントすることが、保育者の子どもの理解につながる。

事例

　5歳のA児は負けず嫌いであった。ドッジボール遊びで自分のチームが勝つと、相手チームの失敗を笑って喜んだ。一方、自分のチームが負けると癇癪を起こし、チームメイトに対して暴言と暴力で攻撃した。

表1　問題行動の誘因となり得る要因（筆者作成）

問題行動の例	問題行動の誘因となり得る要因
他児への暴力	言語発達の遅れ
	（発達障害の特徴として）強い衝動性
	知的能力障害
	被虐待の二次障害
	発達障害の二次障害

第3部

支援例

　保育者は、ゲームで負けたときに悲しくなることはあっても
よいが、チームメイトに怒鳴ったり、叩いたりすることはよく
ないことである旨をA児に伝えた。この場合の指導のポイン
トは、①A児の側に行き、②落ち着いたトーンの声で、③静
かに、短い言葉で伝えたことであった。それとあわせて、④チー
ムメイトに怒鳴ったり、叩いたりしてはならない理由を伝えた
こと、⑤A児が上手に逃げ、的確に投球したことを認めたこと、
⑥失敗をしたチームメイトへの適切な言葉のかけ方を伝えたこ
とである。その後、平静なときに保育者は、腹が立ったときの
気持ちのおさめ方をA児と一緒に考え、「2回深呼吸をしよう」
と決めた。あらかじめルールを決めておくことにより、大きく
動揺したときのA児の癇癪は徐々に減少した。これは、保育
者がA児の努力と活躍を認めた上で、全試合で勝利すること
よりも、チームメイトと力を合わせる心地よさをA児に気づ
いてもらえるよう指導した例である。

27 発達障害アセスメントの視点

発達障害のアセスメントとは

　発達障害のアセスメントとは、①子どもの発達のどの部分に著しい偏りがあるのか、②その偏りが当該児の生活にどのような影響を及ぼしているのか、③当該児が現状に対してどのような改善を希望しているのか等について、複数の情報をもとに総合的に判断し、見立てを行うことである。複数の情報の例としては、子どもの生育暦、既往歴および現病歴、診断名、発達検査の結果、療育歴、家庭および保育所・幼稚園等での言動・行動の特徴、園の支援体制（発達障害に関する保育者の理解度、加配保育者の有無）、家庭での養育状況（家族構成、家族歴）、地域の支援体制（行政−家庭−保育−医療の連携状況、社会資源の利用可能性・アクセスの利便性）等が挙げられる。

発達障害のアセスメントのねらい

　発達に著しい偏りのある子どものアセスメントを実施するねらいは、子どもとその家族に関する客観的・主観的な情報をもとに多面的に分析し、一人ひとりの子どもの特徴に応じた支援方法を検討することである。アセスメントは1回で固定的に終了するのではなく、定期的に行うことによって子ども及びその家族との信頼関係が深まり、より的確な情報を受け取ることが可能となる。

発達障害のアセスメントの方法

　子どもの発達は進んでいくため、定期的なアセスメントが必要である。アセスメントの方法の一つとして、検査がある。保

表1　発達障害アセスメントの方法（筆者作成）（　）内は適応年齢

観察法	自然観察法：自然に過ごしている子どもを観察する		観察内容・遊んでいるときの様子・他者との関わり方・環境への適応状況
	構造的観察法：時間や場面を設定して子どもを観察する		
面接法	主訴、経過を聴く。子ども・保護者の話し方の変化・質問の理解度、表情の変化、全体の印象、面接回数を重ねることによって変化する態度・話題等から情報を得る		
検査法	心理検査	知能検査	WPPSI（3:10-7:1）、WISC-IV（5-16:11）、田中ビネー（2-成人）、日本版KABC-II（2:6-18）DAMグッドイナフ人物画知能検査（3-10）コース立方体組み合わせテスト（6-成人）等
		性格検査	質問紙法：谷田部－ギルフォード検査（小学生-成人）MMPIミネソタ多面人格目録（15:0-成人）等投影法：ロールシャッハテスト（幼児-成人）文章完成法テスト（小学生-成人）、P-Fスタディ児童用（6-15）バウムテスト（幼児-成人）、家族描画法等作業検査法（クレペリン検査等）
		適性検査	進学適性検査、職業適性検査等
	発達検査		津守・稲毛式乳幼児発達診断（0-7）、DENVER II（0-6）フロスティッグ視知覚発達検査（4-7:11）、TK式幼児発達検査（3-6）新版K式発達検査（0-成人）、遠城寺式乳幼児分析的発達診断検査（0-4:7）等

第3部

育・教育現場では観察法が、医療機関では心理検査や発達検査が多く実施されている。面接法は、いずれのアセスメント場面においても重要な情報入手の手段となる。心理検査や発達検査は、標準化された検査法を用いて子どもに質問を投げかけ、子どもの反応から性格や知能、および認知特性等を測定するものである。発達検査には、子ども自身が回答する検査のほかに、保護者が子どもの発達状況を回答するタイプの検査もある。

28 発達障害と児童虐待

児童虐待とは

　児童虐待は、児童虐待の防止等に関する法律（平成12年法律第82号）第2条で定義されている。表1に、厚生労働省が整理した児童虐待の定義を示した。児童虐待は、身体的・性的・心理的虐待及びネグレクト（養育拒否）の4種類に分類されている。

　平成26年度、全国の児童相談所での児童虐待に関する相談対応件数は88,931件あり、そのうち心理的虐待が43.6%、身体的虐待が29.4%を占めた。虐待者は、実母が52.4%、実父が34.5%であった。被虐待児については、43.5%が未就学児であった。

虐待が子どもに及ぼす影響

　親子間に健全な愛着（アタッチメント）形成ができていない場合には、子どもが①反応性アタッチメント障害や、②脱抑制型対人交流障害の特徴を見せることがある。①では、大人とのやり取りは基本的に可能であるが、時には両価的な反応をしたり、脅えたり、自分や他者を攻撃する等の行動が見られる。②では、苦しくて慰めてもらいたいときに、相手を特定せず誰にでもしがみついたり、親しげに振る舞ったりする姿が見られる。子どもがこのような状況に至る一因として、児童虐待が含まれると考えられている。

発達障害と児童虐待

　杉山は、母子ともに高機能広汎性発達障害があることを児童虐待のハイリスク条件として指摘した（図1）。発達障害児へ

表1 児童虐待の定義（厚生労働省）

身体的虐待	殴る、蹴る、投げ落とす、激しく揺さぶる、やけどを負わせる、溺れさせる、首を絞める、縄などにより一室に拘束する等
性的虐待	子どもへの性的行為、性的行為を見せる、性器を触るまたは触らせる、ポルノグラフィの被写体にする等
ネグレクト	家に閉じ込める、食事を与えない、ひどく不潔にする、自動車の中に放置する、重い病気になっても病院に連れていかない等
心理的虐待	言葉による脅し、無視、きょうだい間での差別的扱い、子どもの目の前で家族に対して暴力をふるう（ドメスティック・バイオレンス：DV）等

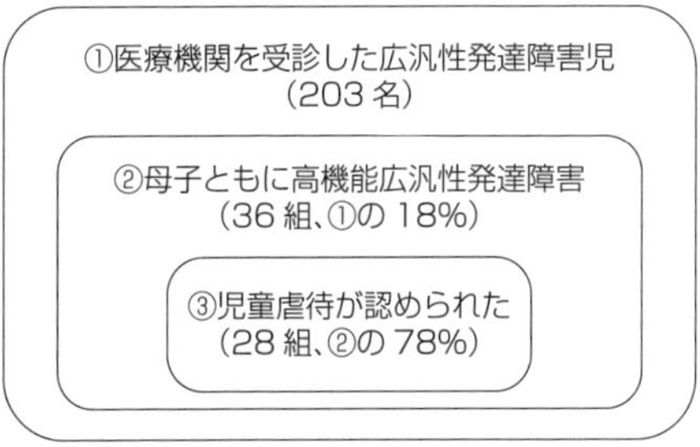

第3部

①医療機関を受診した広汎性発達障害児
（203名）

②母子ともに高機能広汎性発達障害
（36組、①の18%）

③児童虐待が認められた
（28組、②の78%）

図1 高機能広汎性発達障害の母子と児童虐待の発生率
（杉山（2007）をもとに筆者作成）

の指示の通りづらさから、保護者が語気を強めることは珍しくない。特に保護者が同様の課題を有する場合には、保護者も育児に困り感を持っている。その困り感が虐待に移行し、被虐待児が反応性アタッチメント障害を引き起こした場合には、認知・言語発達の遅れや常同行動等を併発して自閉スペクトラム症（→⑲）や知的能力障害（→㉒）様の特徴を示すことがある。また、脱抑制型対人交流障害を引き起こした場合には、不注意や衝動性を伴うことから注意欠如多動性障害（→⑳）との区別が困難となる。一次障害の発達障害を防ぐことはできないが、保育者等による早期発見及びその後の相談支援によって、児童虐待による二次障害の防止は可能である。

コラム③：DSM-5

　DSM-5とは、アメリカ精神医学会（American Psychiatric Association）が作成している心の病気に関する診断基準のこと。発達障害や精神疾患の診断に関するマニュアルは多数存在するが、世界的に使用されているのがこれである。正式名称は「Diagnostic and Statistical Manual of Mental Disorders」と言い、日本では「精神障害の診断と統計マニュアル」と訳されているが、通常は略称のDSMと呼ばれる。DSM-5は、2013（平成25）年5月に公開された第5版である。DSM-IV-TRから13年ぶりに改訂され、発達障害に関する記述も大きく変更されている。

　DSM-5では、従来の多軸診断を廃止したことが第一の特徴といえる。それに代わるものとして、多元的診断を導入した。多軸診断とは、5つの軸を準備し、その異なる側面から網羅的かつ総合的に診断するシステムのことである。多元的診断とは、各種疾患やパーソナリティ障害のスペクトラム（連続体）を想定し、発達障害などの重症度をパーセント表示するものである。要するに、診断名を付けるだけでなく、精神疾患の重複、病態の変化、重要度について、従来よりも直接的な判断がなされるということになった。

　また、第二の特徴として「自閉症スペクトラム」を採用したことがあげられる。DSM-IVでは、自閉症を代表とする生来の社会性の発達障害を示すグループを「広汎性発達障害（PDD）」と呼んできた。しかし改訂に伴い、「自閉症スペクトラム（ASD）」という診断名が採用された。この大きな変更の背景の一つとして、従来の基準のままでは特定不能の広汎性発達障害が多くなりすぎてしまうということがある。自閉症スペクトラムとは、各発達障害を連続体として捉える概念のことである。重度の者から軽度の者まで境界線を引かずに連続していて、そのもっとも軽い群は、従来から指摘されてきた広範な自閉症発現型につながっていき、さらにその外側に一般のちょっと気になる者に連続していくのである。　　　　　（中川菜摘）

第 **4** 部

保護者支援

29 保護者対応での保育者姿勢

初任保育者

初任の場合は、まだ保護者との関わり自体に不安を抱えていたり、クラス運営や事務処理などで精一杯になって余裕がなかったり、保護者とうまく関係づくりができない場合もある。また、保護者によっては初任保育者に不信感や妥協を感じる人もいる。しかし、その逆に初任者だからこそとても頑張っている、と感じてくれて励ましてくれる保護者もいる。子どものことをしっかり見ていてくれる、と感じてもらえることが保護者の心を開く第一歩となる。そのためにも、保育者自身が心も体も健康であり、子どもを受容し理解しようという姿勢を持ち続けることが大切であり、何でも明るく笑顔で子どもの些細なことを話す事を心がけていきたいものである。

保護者からの質問でわからないことは適当に答えず、少し時間をもらって確認してから正確なことを返事すべきであり、それによって誠実さや誠意が伝わる。また、保護者の情報や家族構成等も先輩保育者から聞いておくと少し気持ちが楽になる。決して保護者を敵と思わず、子どもをともに育てる一番強力なパートナーと思うことである。その実感があれば、保護者からも信頼を寄せられるようになる。人と人は、触れ合わずに信頼関係を築くことはできない。自分から心を開いて、自分らしさで一人ひとりの子ども、保護者とも向き合っていくことが必要である。

中堅保育者

中堅になると、在園している子どもの保護者や家族構成等も

把握できるようになり、信頼関係が築きやすくなってくる。家庭での些細な話や愚痴、また迎えの立ち話で保護者の悩みが出てくることも増えてくる。保護者の身になって聴くこと、傾聴が大切だが、なかなか保護者の気持ちを分かってあげられない事や、わかったつもりになりやすいときでもある。保護者自体が悩んでいて迷っているときの言葉を、特に慎重になって聴かなくては、なかなか保護者の心の本意まで理解できないこともある。返答に迷ったときは、先輩保育者に相談することも大切であり、子どもの日々の様子など込み入ったことやゆっくり話した方がいいというときは、懇談など日程を設けてみるのもいいであろう。内容によっては主任などを交えて話し合うことも必要になってくる。

第4部

年長保育者

　長年勤めていれば主任や園長などの役職についている分、保護者とも信頼関係ができあがっているはずである。保育の専門技術や知識を背景に、必要と判断した援助を行う。子どもに多様なニーズがあるように、保護者にも抱える問題の受け止めや就労保障など、多様なニーズがあるので、園長が核となり、園内外の資源をフルに活用していく必要がある。福祉的サービスを含めた園外の社会資源の活用を調整する場合、保護者の不安を受け止める等は保育者集団全体で受け止める必要がある。保護者対応は園ぐるみで行うことにポイントがある。子どもを媒介にした保護者と園の関係づくりでもある。

30 保護者の苦労・悩み・ストレス

子どもの育てにくさ、疑問

出生前からわが子に障害があることがわかっている場合もあるが、出生後に、子育ての中で育てにくさや子どもへの疑問等が浮かび上がることもある。自分には手に負えないと思ったり、しつけがうまくいかず、いらいらしたり、戸惑ったりする。親にとって困ったと思う行動、理解できない行動が続く場合には、心身ともに疲労して悩みを大きくする。

（1）具体的な子どもの様子

子どもと視線が合わない、笑わない、言葉が出ない、抱っこを反り返ったりなどスキンシップを執拗に嫌がる、こだわりが強い、子どもの行動が理解できない等が挙げられており、それによって母親が子どもに愛情が持てない、子育てに自信が持てないといった状態に陥る。

（2）診断に至るまで

初めは、子育てに自信がない上に、障害なのか？と不安になり、相談するか、しないか迷い、するならどこですればいいか、そして、本当はわかっているものの認めたくない、診断されるのが怖いなどの気持ちから、受診にまで至らないことも多い。子育てや関わり方の問題のほかに、わが子の障害とどう向き合うかという問題に直面する。かなり心理的に揺れる時期になる。

（3）家族との間で

ともに寄り添うはずの夫婦でも、子育てに関する意見が合わない、きょうだいに目を向ける余裕がないなど、家族の関係がうまくいかないことがある。また、祖父母に相談できずに遠慮

したり不仲であったりすれば、さらに頼ることができず両親に負担が増すこともある。

事例

A君（5歳男児）は水遊びが大好きで、放っておくとトイレの手洗い場やお風呂場でずっと遊んでいる。また、初めての場所が苦手で泣きわめき、母親にしがみついて離れないこともしばしばある。母親はその都度A君に言い聞かせているが、何度言っても伝わらないことがあり、このような場合どうしたらいいのか、保護者が悩んでいる。

支援法

親の頑張りを具体的に挙げて認めつつ、親にどの点が心配か、親の思いを聞きだすことが必要である。

＊情報に振り回されない。

＊「様子を見ましょう」で放っておかない。

＊ストレスをなくすより、うまく付き合う方法を見つける。

＊身近な専門家に相談し、障害の理解よりその子の特性を理解すること。家族だけの問題にせず、「一緒に相談に行ってみませんか？」と声をかけるなど、ともに取り組んでいく姿勢が大切である。

A君の事例では「あと10数えるとおしまい」など、遊びに終わりがあることを伝える。タイミングよく声かけをし、スムーズに次の行動へ移れるようにし、集団生活のルールになじめるように保護者にも家庭との違いを学ぶ協力をお願いする。初めての場所に行く前にどこか、どのくらいの時間いるのか等、時間の見通しを持てるような働きかけが有効的なことを親に具体的に提示することで納得、安心ができることもある。

第4部

31 障害の受容

障害を受容していく過程

　保護者が医療機関で障害を診断された結果を、なかなか受け入れられないケースがある。受容するまでには家族それぞれの複雑に絡み合った事情が考えられ、時間が長いと数十年かかることもある。受容までの過程においては、いろいろな感情の混じり合いが生じるため、いくつかのステージに分けられる。

（1）ショック

　自分の子どもに障害があると聞いたら、誰もが頭が真っ白になるだろう。親の心情を察して、ありのままを受け入れ傾聴する必要がある。

（2）否認

　まさか、そんなはずはない等、子どもの障害を否定・信じられない、認めようとしない心理状態を表す。事実を否定することで、親が自分のアイデンティティを守ろうとする。障害の原因がよくわからない場合は、保護者が自分のせいではないかと責めたり、原因を知りたいと思う。

（3）悲しみ・怒りおよび不安（自分、子ども、周囲に対して）

　次第に障害を現実のものと感じ、疑問や不安をなかなか人に打ち明けられずに悩む母親は少なくないはずである。また、父親や自分の両親など、家族にも言えないままになることもある。

（4）適応

　混乱の静まり、慣れ等、次第に現状を受け止め適応を図るようになっていく段階。情報を集める等どうしたら良いかを考え始める。一時的な立ち直りで、育児に以前より自信が持てたり、

医療機関に定期的に通うことがきっかけになったりする。親が子どもの可能性を見つけていこうとするとき、それを励ましとともに喜び合う保育者の関わり方が、親を勇気づけ、元気づける。

（5）再起

最終的に障害を理解し問題への対応を考えていける、子どもを肯定的に受容するようになる。

また、このように段階を追ってではなく、学齢期の節目、子どもが発達を達成しようとする区切りの時期に悲しみを繰り返し体験するということもある。各段階を一方通行ではなく行きつ戻りつ、悩み、受け入れを繰り返し、ポジティブとネガティブの感情を常に併せ持ちながら、障害を受け入れていく。

事例

年少クラスのA君は、入園前に自閉症スペクトラムと診断された。クラスに留まることのできないA君の様子を、保育者が母親に伝えると、「家ではそんな行動はしない」「家では○○も○○もできる」と繰り返し伝えられるばかりで、話し合いにならない状況だった。

支援法

障害の受容とは、自分自身をありのままに受け入れ、多くの人の中で生かされている自分に気づくことや、自分とは異なる価値観をもつ他者を許し、柔軟に受け入れることの延長上にある。保育者は自分の経験や考え、プライドなどに固執せず、柔軟に対応していかねばならない。この事例では、保育者は母親に寄り添う姿勢を忘れずに、時間をかけて対応していくことが重要である。

32 保護者支援の基本原則

基本原則とは？

　保護者支援は日頃から保護者との信頼関係をつくり、保護者の気持ちを受け止めることが必要である。そのために、面談では保護者の話を傾聴し、子どもの最善の利益を考える。お互いを思いやる「心の連携」がいかに大切か重要な支援の鍵となる。

　園での様子を保護者にわかってもらおうと、保育者は必死になることがある。保育者は「客観的に」「正確に」と思っていることでも、うまく言葉のニュアンスが伝わらないせいで保護者は責められていると感じ、理屈では分かっても、先生に抵抗を感じてしまうことがある。みんなが「ホッとできる」「安心できる」ような前向きな言葉かけを心がけたい。

①保護者に、正論や「べき論」だけを言わない。
　保護者が育て方を非難されていると受け止めないように配慮しつつ相談を受ける。
②園側での今後の取り組みを具体的に示し、家庭での協力をお願いする。
　互いの考え方の違いについてやりとりを重ねる中で明らかにし、噛み合う部分を探す。
③問題を単なる「甘やかし」と捉え、園でも家でも厳しく指導する方針によって子どもの心をつぶさない。
　改善が必要であると考えている課題は必ず伝え、見識ある態度でいること。
④保護者も気づいていない子どもの「長所」や「成長」を伝える。

　⑤子どもと向き合うために、親を勇気づける。

　療育機関の専門職（作業療法士や言語聴覚士など）、保健センターの保健師、福祉事務所にいるケースワーカーなど専門職とつなげていくことや、虐待・ネグレクトが疑われる場合などは児童相談所にも来談してもらうなど、地域の他機関の人ともつなげていくことも支援の一つとして視野に入れておくことが必要である。

事例

　ダウン症のＡちゃんは、全体的に発達がゆっくりであり、ダウン症について母親は無知でネガティブな様子だった。支援者は障害についての正しい知識の提供、ホームプログラムの提案をした。1歳5ヵ月〜10ヵ月の頃につかまり立ちができるようになり、1歳11ヵ月頃からは単語を2、3語話すようになった。母親も少しずつ子どもが成長してきてできるようになってきたことを喜び始めた。

支援法

　支援の目的は、子どもと保護者がよりよい生活ができるようにし、子どもと過ごすことで楽しいと感じられ、子育てに自信が持てるようになることである。そのためには、保護者が子どもや障害について見方を変化させていくきっかけ、子どもとの関わりで得た実感や子どもの日々発達しつつある姿が大切となってくる。保護者を支援する際には、子どもへの支援を同時並行で行うとともに、母親の悩みに応じた具体的な子育て上の助言を行っていくことが重要である。

33 きょうだい

きょうだいの悩み

　障害のあるきょうだいがいることで、他の兄姉、弟妹が大きな影響を受けることは間違いない。思いやりが深い、偏見を持たないといった感受性が豊かな人に育つというプラスの面はある。しかし、低年齢からそれを求められすぎるとストレスになる。両親は障害児への子育てにどうしても時間を取られるので、母親にほったらかしにされると感じることも少なくない。本当は甘えたいのに過剰に我慢をし、「良い子」を演じてほめてもらおうとしたり、関心を自分に向けるためにわざと反抗的な態度をとって関係をつなぎとめようとしたりする場合もある。家族の中での孤立感があったり、きょうだいを守らねばならないという思いが芽生えたりする。近所の人、身近な親戚など、周囲の期待感がストレスになり得ることもある。さらに一番近い理解者である親からの拒否感や、「自分だけが損をしている」という思いを誰にも言えない悩み、罪悪感、我慢をするなど、いろいろな感情の中で葛藤することが多い。

　そこで、こうした家族の抱える問題を解決するために、気持ちのリフレッシュや、分かり合える打ち明けられる「きょうだい支援」の場を設けることが求められる。

事例

　A君は年長組で、投薬の関係で定期的に母親と通院している。弟のB君は年少組で、まだまだ母親のもとで過ごしたいが、どうしても母親はA君の方に手を取られてしまう。あるとき、B君が幼稚園で「僕には兄弟はいない」と友だちに言っているの

を保育者が耳にした。

支援法

（1）事例から

B君の言葉は、年少だから意味がわかっていないということではない。B君にとって、困難さを抱える兄は無視する存在、残酷ではあるがいなくなってほしい存在となっている。母親がA君を必要以上に手をかけたり、保護しすぎたりすることもある。あるいは、親がB君に対して期待をかけすぎてしまうこともある。そして親の知らぬ間に、B君に納得してもらう努力や我慢を強いるような生活環境になっているのだろう。

（2）対策

B君が親と一対一で過ごす時間を持ち、きょうだいの障害について、その子に分かる範囲で伝え、一緒に考える。できたこと、やってくれたことを当たり前と思わず、言葉でほめる等、少しの時間、少しのことでも、必要なときに必要なことを手助けをすることで、自分が受け入れられて、きょうだいの一人として認められている実感を持つ。そして、他のきょうだいへの理解を示していける。

保護者（親）との関係や、障害のあるきょうだいとの葛藤を乗り越えられた場合、人間や障害に対する深い理解をもつケースも多い。障害児をもったことで、ある意味ではかけがえのない存在として家族全体の絆が深まっていくことになる。

きょうだい支援を広める会
http://www.siblingjapan.org/

第4部

34 レスパイトサービス

レスパイトサービスとは

　障害児・者を持つ家族の負担はとても大きい。その負担を一時的に軽くしたりリフレッシュしたりできるように、家族支援の一つとして、基本的に利用者の意思と生活のスタイルを尊重するのがレスパイトサービスである。また、家族の一時的な介護からの解放だけではなく、障害のある本人に対しての支援として、日本では1990年代当初から利用されるようになっている。

　基本的な内容としては介護者の一時休息、介護の分担、障害のある人にとって有効な経験の提供、包括的地域生活支援サービスとの統合が挙げられる。具体的には「時間預かり」「送迎・移送」「家庭への援助者の派遣」「ショートステイ」などのサービスが組み合わされて実施されている。

　これまでのフォーマルな支援として、ショートステイやホームヘルプ事業などでは受け入れ側に制限があったり、障害のある人の日常生活が乱されたりといった、サービスの利用のしにくさが指摘されることもあった。

　しかし、この限界を超えるものとして、サービスの量と質の不足を補うためにも、「利用者中心のサービス」であり、必要なときに必要なだけのサービスが受けられる。そこで、利用者のニーズに対応するインフォーマルな支援が各地に展開されるようになってきた。

　提供事業所は、個人で行っているところ、保護者、親の会が行っているところ、社会福祉法人やNPO法人が独自に行っているところなどさまざまである。その例として、愛知県の東浦町には知多地域障害者生活支援センター「らいふ」という機関

がある。知多市、東海市、東浦町、阿久比町などの知多半島圏域全体を対象とした取り組みに注目できる。

問題点

　障害児の保育をめぐっては、リフレッシュ保育や育児ノイローゼの激増に対する育児相談や一時保育への配慮が今日的には必要であるといわれるようになってきた。

　また、レスパイトサービスを提供している事業体の一部には、国の事業である「障害児（者）地域療育等支援事業」や「市町村障害者生活支援事業」などの公的制度を活用してサービスを提供しているところもあるが、それらの制度を活用するためには社会福祉法人などの資格が必要である。そのため個人や親の会などが行っているサービス提供事業所の多くは、独力でサービスを提供しているのが現状である。

解決策

　保育所の一時保育事業やショートステイ事業の中でも特別なケアを必要としている子どもに対して、保育所でも一時保育の一環として緊急的に保育することも、在宅家庭支援事業の中に位置づけられるべきである。

　公的な制度の拡充・確立や、誰もが受けやすいサービスにすることが求められるだろう。家族の負担を軽減するサービスをいっそう充実させることは、家族の介護力の改善や高まりになる点を押さえておきたい。

第4部

35 親の会

親の会とは

　親は、障害の子を持ったことがない人にはこの苦しみはわからないと思っていることがある。その気持ちを分かち合い、励まし合うことができるのは、同じ苦しみを味わっている人たちだと感じられる。病気や障害について親の悩みを抱える人たちのセルフ・グループがあり、先輩の体験談を聞くことで安心することができ、子どもの成長の見通しをもつことができる。それが親の会である。親の会の主な活動は、会員同士の情報交換や講演会活動、啓発活動等である。

　例えば全国的な組織として、

- 「全国手をつなぐ育成会連合会」……滋賀県大津市を拠点とし、2014年から全国の55団体の総意により発足し約20万人もの会員がいる。
- 「全国LD親の会」……1990年に活動をはじめ、東京が代表となり全国で46団体あり約3200人が参加している。
- 「NPOテクノシップ」……2002年から東京を拠点に障害児・者に生活、教育、福祉及び労働に関わる支援活動に関する事業を行っている。
- 「よつばくらぶ」……埼玉県所沢市のYMCAで障害児・者に対してのサークルを開いたりするボランティアの団体。
- 「ゆずりは―― LD等軽度発達障害児者親の会」……1989年に栃木県拠点で結成され、全国LD親の会に所属している。

　例えば園内の組織として、

- 愛知県岡崎市にある私立竹の子幼稚園では昭和55年に親の会がつくられ、長く継続されている。

問題点

　大きな組織になると、意見の多様化等により、総会や役員会にエネルギーを費やす機会が増えがちになる。その結果、行事に新鮮みが薄れたり、新しい行事を取り入れにくくなる可能性がある。というのも、年輩の親は自分たちの死後をひしひしと感じられるが、若い親は子どもたちの教育や訓練や就業、病気や手術等、現実で精一杯で今を大切にしたいと考えている。入会の時期については、若い親御さんでも子どもに重度や合併のある方は比較的早くから会に入っているが、そうでない人は子どもが大きくなってから入るため、どうしても認識や感覚が違う。会員の構成者にバラつきが出てくることで、個人よりも会全体のあり方論が先に立ち、個人に関する思いやりがおろそかになりやすいこともある。

メリット

　先輩である親の有意義な話を聞けることは、まさに悩んでいて愚痴を言いたい、悩みを聞いてほしい、ちょっとした疑問点があるなどの親には共感できたり、信頼できたりする。この機会が親の会の重要な役割となっている。同じ境遇にいる親からのアドバイスは、身近で現実的なことから大きなインパクトを与えるものである。親同士の支え合いといった点に注目できよう。入会する前には、自分が親の会に何を求めているのか、会の規模や運営の活動、自分がどこまで時間が割けるかを考えて入会することが必要である。

コラム④：アタッチメント

　アタッチメントとは、子どもと特定の大人との間に築かれる絆のことであり、愛着とも呼ばれる。アタッチメントは、子どもが泣いたり笑ったりしたときに、養育者からタイミングよく応答が返ってくるという経験を通して形成される。子どもは、誕生後しばらくは笑ったり相手を注視したりといった行動を誰に対しても行うが、生後半年頃からは、特定の大人に対してのみ笑うようになる。さらに、8ヵ月頃になると人見知りが始まり、知らない人に対しては強い警戒を示し、母親を安全基地として利用するようになる。この人見知りが始まる時期から1歳半くらいまでが、愛着形成にとって重要な時期とされている。愛着が形成されていれば2、3歳頃には母親がそばにいなくても安心していられるようになる。

　エインズワースが考案した「新奇場面法」から、親子のアタッチメント関係は4つのタイプに分類される。一般的なタイプは安定型と呼ばれ、母親と離れると泣いたり不安を示したりするが、再会すると喜んだり母親に抱かれようとしたりといった反応を示す。6割強の子どもがこのタイプに分類される。他の3つのタイプは不安定型と呼ばれ、回避型、抵抗・両価型、無秩序・無方向型に分けられる。回避型は母親と離れても不安や抵抗を示さず、再会しても母親に興味を示さない。抵抗・両価型は、母親と離れたときに激しく抵抗し、再会してもなかなか機嫌が直らず、抱こうとすると拒む、一度くっつくと離れようとしないといった反応を示す。無秩序・無方向型は、母親と離れたときや再会したときに、無反応かと思うと激しく泣いたり怒ったりする。

　これらの差は親の個人差が影響している。安定型の子どもの親は、子どもの働きかけに対して適切なタイミングで適切な反応をする。しかし、回避型の子どもの親は、子どもが泣いたり抱っこを要求したときに、それらの要求を無視したり、拒否したりする。抵抗・両価型の子どもの親は、子どもの働きかけに対して反応したりしなかったりと一貫性がない。無秩序・無方向型の子どもの親は精神的に不安定であり、虐待をすることもある。

（松本彩花）

第**5**部

職員間の協働

36 園内での支援体制

概説

　障害のある子どもへの対応は、園全体で対応することが必要であり、担任が問題を一人で抱え、孤立することがあってはならない。そのために、園内の支援体制の整備は必須である。その支援体制として求められる役割は、①障害のある子どもへの早期の気づきと対応、②実態把握、③全職員の共通理解を図る、④個別の指導計画や個別の教育支援計画の作成、⑤相談窓口の設置と保護者との連携、⑥園内研修の実施、⑦外部機関との連携・調整、⑧加配職員の配置等が挙げられる。

　①②③の場合、まずは、情報の共有ができる場の設定、例えば、保育反省での報告や事例検討会、保育カンファレンスなどを設けることが必要となってくる。その中で、生育歴なども含めた対象児に関する情報、具体的な支援方法に関する情報、園内資源に関する情報、園外支援に関する情報等を収集し集約し共有化を図る。それらをもとに④を作成し、実践を行い、その成果を複数の職員で検討して計画の改善を行う。そして、評価から再び実践につなげるというサイクル（循環）を確立していくことが重要である。

　これらの場は、定期的に設けることが理想である。なぜなら、常に対象児の実態や変化を意識することで、より対象児を取り巻く周囲の状況も含めて理解することにつながり、的確な子ども理解に基づいた支援につなげることが期待できるからである。さらに、丁寧に、個々に合わせた支援をするためにも⑧が必要なことは当然であろう。

　対象児への支援だけでなく、⑤のようにその保護者への支援

も求められる。保護者に傾聴し、寄り添いながら、情報を交換し合い、ともに子どもを支援していく姿勢が重要である。

　そして、的確な子ども理解を実現するために、⑥を行い互いの専門性を高め、⑦による支援の充実を図り、組織的に推進していく。ことが理想であろう。

問題点

　担任保育士が障害のある子どもへの対応に苦慮しているが、他職員に助けを求めることもなく、自分の力不足と思い自分で解決しようと抱えてしまっている場合がある。

具体的な支援方法

　支援する側としては、大きく道具的サポートと社会情緒的サポートに分けられる。木原によると道具的サポートとは、ストレスの解決に直接役に立つような資源や情報を提供することである。具体的には、子どもへの支援方法や子ども理解の視点を提供することが挙げられよう。社会情緒的サポートとは資源や情報を提供するのではなく、ストレスに苦しむ人の情緒や自尊心、自己評価を高めるように働きかけることを指す。具体的には、担任の思いや考えを聞いて共感する、頑張っていることを認めるなどが挙げられよう。

　また、支援される側としては、自分だけで抱え込まずに、思いや考えを自分から伝え、助けを求める姿勢が必要である。自分の保育観を柱に、自分はどう考えていて、どうしていきたいのか、また、どのような点で困っているのかを整理して説明できる力も求められる。

第5部

37 ティームティーチング、加配

概説

　ティームティーチング（以下「T.T」）とは、「複数の教師が役割を分担し協力し合いながら指導計画を立て、指導する方法のことである」といわれている。保育におけるT.Tの条件として、①役割分担がされている、②ティームは2人以上の保育者で構成され、同等の立場である、③子ども一人ひとりの興味や関心に合わせて柔軟性・多様性が生じているという点が挙げられる。一方で、障害のある子が在籍するクラスでは加配の職員が配置されることが一般的だが、これはT.Tには含まれない場合が多い。加配の場合、第一に、担任が主で加配の職員が補助であり同等の立場ではない。第二に、障害のある子への個別援助が主であり、集団を複数の保育者で関わるという意味は薄いからである。

　T.Tのメリットは、①保育者の個性を持ちよることができる、②保育内容が均衡化される、③保育者同士の学び合いができる、④子どもの個性を生かすことができることである。保育者はあらゆる分野において、高い保育技術を有することが望ましいが、現実問題として多少の得意不得意があるのは当然である。得意な分野は、より子どもたちにその面白さを伝えることが可能である。それぞれの保育者が得意分野を担当することで質の高い保育が期待できると考えられる。また、担任の専門性によって保育内容の偏りが生まれやすいが、複数の保育者がそれぞれの分野を担当することで均衡化を図ることができ、結果的に全体の質の向上につながると考えられる。④は、例えば、ある子は室内遊びを深めている一方で、ある子は外遊びに興味・関心を

持っている場合、室内と戸外にそれぞれ保育者が補助に入り、個々の興味・関心に合わせた保育が可能となる。制限が緩和されることで、自分の興味・関心のある遊びを選択でき、かつ、グループを固定することなく、それぞれの遊びを自由に行き来することができる。これが、T.Tの条件で挙げた、時間・空間・保育内容的「柔軟性・多様性」であり、子どもの個性を発揮することにつながるのである。

問題

　加配の職員が障害のある子への個別支援のための加配という意識から、その子を活動の流れに乗せることが優先されている。

具体策、支援方法

　担任と加配という不均衡関係を少しずつ同等な関係にしていくためにも、まずは小さなグループの保育を担当してもらおう。具体的には、室内遊びの一つのコーナーや少人数グループの制作を担当してもらう。そうすることで、自分が保育者として、「主」として子どもたちに関わる経験を積んでいく。当然、負担も増えるので、担任が障害のある子を含めて大きいグループを受け持つなどの工夫が必要であろう。また、事前に保育方針やねらいを確認し、どのように遊びを展開して、どのような援助が必要であるか予測し、共通認識をもつことが必要である。そして、保育後に情報を共有し協働関係を築いていく。それらを通して、子どもの活動や興味・関心によって柔軟に変更や対応がされることにより、多様性が生まれ、質の高い保育が実現されるのである。

第5部

38 チームワーク

概説

　保育所や幼稚園では、多くの場合、特定の保育者が担任としてクラスを受け持つため、その個人の能力が問題とされる場合がある。しかし、それらの施設は複数の職員から構成される組織であるため、チームワークが必要とされる。スポーツに例えるならば、一流選手を集めただけでは試合に勝つことができないように、チームワークが有効に働いてこそ、個人の能力が発揮されるのである。特に障害のある子を保育する上では、当然であろう。

　チームワークを有効に働かせる条件として、①共通の目的意識、共通理解ができている、②コミュニケーションがよくとれている、③自分の役割を理解している、④他職員の役割も理解し、助け合うことができる、等が挙げられる。①は、例えば、担任の思いを聞きながら保育方針を職員全体で話し合い、それに合わせた一貫した対応を共通理解として認識しておく。②は①をもとに、自分が関わったときの変化や気づきなどを情報共有ができるようにする。ここで、保育とは関係のない世間話も含めて会話をしていくことがコミュニケーションをいっそう円滑にするコツの一つであろう。③④は、自分の役割をしっかり全うしながら、他職員の役割も理解し、お互いに補い合う気持ちが大切である。時に、思いや意見がぶつかり合うときがあるが、その場合にも感情的にならないように心がけたい。

問題

　2歳児クラスの障害のある子が、室内で遊ぶことが難しく、

すぐに部屋から出て、1歳児クラスに行ってしまう場合がある。

具体策、支援方法

　多くの保育所や幼稚園では同じ年齢の子どもを集めたクラス編成であるため、学年の壁が高く、その壁を乗り越えて行ってしまうことに抵抗を示す保育者も多いだろう。その理由として、発達に大きな差がある場合、一斉保育が難しいことが挙げられる。特に障害のある子の場合、同じ年齢の子どもに比べて発達が遅れていることが多く、他児と同じ活動が難しいこともあろう。この事例の場合、1歳児クラスの方が、その子の発達に合っているためではないかと考えられる。そこで、現状を会議で話し合い共通理解を深め、1歳児クラスに協力を得て、受け入れてもらえる体制を整えよう。そして、両クラスを行き来できるようにし、1歳児クラスの担任は、「このパズルが好きで何度も繰り返し遊んでいたよ」「騒がしいとクラスから出て行くけど、落ち着いた雰囲気のときはゆったり遊んでいるよ」等の変化や気づきを、2歳児クラスの担任に伝えて情報を共有する。それをもとに、1歳児クラスのパズルを借りたり、仕切りを使ってその子が落ち着けるようなコーナーを作ったりと工夫していくことが、個々に応じた保育の実現や保育の質の向上につながるのである。

　また、この場合は1歳児クラスの担任の負担が増えると予想される。そこで、1歳児クラスの高月齢児の子を2歳児クラスに招き、一緒に活動し、その様子を報告するなど、お互いに助け合う気持ちや思いやりを持ちながら保育を進めていくことでチームワークが有効に働くことになる。「園全体で子どもを保育する（受け入れる）」が理想に終わるのではなく、クラスの壁を超えるなど、既存の概念にとらわれず模索し、具体的な保育方法によって実現していくことが求められるのである。

第5部

39 研修

概説

　平成29年度告示の保育所保育指針、第5章「職員の資質向上」にも「必要な知識及び技術の習得、維持及び向上を図る」目的から研修の必要性が述べられている。近年、保育者の役割や機能が多様・拡大化しており、時代の変化に合わせた保育が求められることからも、研修は欠かすことができない。

　研修は大きく分けると、自己研修、園内研修、園外研修に分けることができるが、ここでは園内研修について取り上げる。園内研修のデメリットとしては、勤務形態の多様化の中で、職員が同時に集まることの難しさや日々の日常の業務を行いながら、研修内容の検討・企画、教材等の準備などの負担増加が挙げられる。特に、発達障害児に関する研修の場合、専門的知識が必要になる場合が多く、研修の内容の検討・企画、準備もいっそう難しくなるといえる。一方で、メリットとしては、その園の条件を含めた内容で行うことができ、個別の事例やケースに対応しやすいことやすぐに生かせる具体的な支援・援助方法が期待できる点である。

　園内研修の種類はさまざまであるが、一般的には①本・資料の回し読み、②講義、③ロールプレイ、④保育観察、⑤ビデオカンファレンス、⑥事例検討などが挙げられる。研修において大切なことは、無理なく継続していくことである。それぞれの園の状況と照らし合わせて、継続可能な研修を模索していくことが必要であろう。

（1）研修（初級編）

	メリット	デメリット
本・資料の 回し読み	・自分の好きな時間に読むことができる ・誰でも企画し、実行することが容易である	・全員が読むまでに時間がかかる ・本を1冊読み終えることが負担となってしまう ・意見交換をする場がない

（2）研修（中級編）

	メリット	デメリット
事例検討	・自分の実際に困っていることや相談したい事例が使える ・さまざまな立場や視点からの意見を得られる	・同じような内容が多くなってしまう ・実際に保育を見ることができないので、状況や様子を知る手がかりが少ない

（3）研修（上級編）

	メリット	デメリット
ビデオ カンファレンス	・参加者の空いた時間を利用してビデオを見ることができる ・さまざまな立場や視点からの意見を得られる ・保育を客観的に見ることができる	・撮影者の保育観によってどの場面を撮影するのか影響されやすい ・切り取られた場面になりやすく、その前後の流れや、周りの様子が分かりにくい

第5部

　これらの研修に保育カンファレンス（→55）を取り入れていくことで、より効率よく効果的に研修を進めることが期待できる。

40 研究保育

概説

　研究保育とは、ある課題を設定した上で、保育の実践を公開し、その保育について話し合い、検討していくことで保育の実践を深め、質を高めていこうとするものである。経験を積むことで保育の実践力が身につき、質が高まるということもあるが、そこには必ず、自分の保育を振り返って、本質を見つめ直す「省察」を重ねていかなければならない。特に、保育者の場合は担任として一つのクラスを受け持つことが多く、自分の経験や考えから保育観が固定化されやすい。他の保育者の実践に触れながら、自分の保育実践も他者に開いていくことが重要である。

　研究保育は単なる「公開保育」ではない。効果的に進めていくためには①「問題提起」（園やクラス、子どもの姿等から見いだした問題点）、②「仮説」（①に対する自分なりの解決方法の提示）、③「実践」（公開保育だけでなく、これまでの実践過程を含めて記録しておく）、④「考察」（実践を終えて改善された点や気づき、新たな課題など）の4つを丁寧に分析していくことが必要である。

　保育に関する研究発表と同様のプロセスではあるが、大きな違いは参観者が実際に生の保育を見た上で協議できる点にある。しかしながら、当日の公開保育の部分だけでは協議の深まりにも限界がある。そこで、公開保育に至るまでの実践を丁寧に記録しておくことが重要である。つまり、公開保育で問題が解決されたか否かではなく、どのようなプロセスを経て、問題解決に至ったのかを保育者の意図や援助方法、子どもの姿の変化などを辿っていきながら、その保育の意味や価値を見つけること

で、保育の質の向上につながるのである。

研究保育

（1）研究保育（初任者向け：書き方を学ぶ）

　公開保育に向けて、問題提起と実践方法をいくつか出してみよう。さらに、それらが課題に沿ったものになっているかを他の保育者に相談しながら案を練りながら、公開保育までに必要な実践記録の取り方や資料の作り方等を学ぼう。また、公開保育後に、話し合いで出た意見を取り入れながら子どもたちの変化や保育者の変化なども記録を取り、報告しながら継続したものになるようにしよう（→**51**、**52**、**53**）。

（2）研究保育（中堅者向け：考察を深める）

　公開保育後の話し合いで、「この部分がよかった」「ここをもっと改善した方がよい」など漠然とした意見で終わるのではなく、「この働きかけ」があったからこそ、子どもの「この変化」につながったのではないか。また、もしかしたらこのような働きかけをしていれば、このような変化につながったのではないか、というように具体的な意見を出し合って、解決案や実践過程の道筋が見えてくるような話し合いの中で考察を深めていこう。

（3）研究保育（ベテラン向け：外部の意見も取り入れる）

　自分たちの園だけでなく、外部の園の保育者にも保育を公開してみよう。園にはそれぞれ指導をめぐる考え方、地域の置かれた特徴がある。それぞれの視点から意見を出し合い、討議していくことは貴重なことである。また、公開するクラスの担任だけでなく、園全体でその問題に取り組み、問題提起、解決の方法等を話し合って臨み、有意義なものになるような準備が必要であろう。

第5部

41 保育者の困り感

概説

　障害児を受け持つ保育者は定型発達児のみのクラスを保育する場合に比べて困り感を抱えやすい（表1）。筆者の調査から、保育者の多くは、食べ物の好き嫌いやシールやマークに固執するなどの行動に比べて、他児に暴力を振るうことや遊びのルールを破ってしまうなどの行動に対して困り感を抱く割合が高いことが明らかになった。その要因の一つとして、保育の集団的特徴が挙げられる。保育の現場では、多くの定型発達児の中に、少人数の障害児がいる集団として捉えることができる。つまり、定型発達児の集団というベースがあり、定型発達児を中心として保育のカリキュラムが組まれているため、障害児がそれに合わせることを強いられるのである。そのため、その集団を乱してしまうような行動に対して困り感を抱く傾向にあると考えられる。

　また、障害児に対して、一対一の対応は問題ないと答える割合は高いものの、集団においてそれを生かすことができないと答える割合が高かったことが明らかになった。これは、大学のカリキュラムや研修で知識やノウハウを得ることができてきていることを意味している半面、依然として集団生活においての支援・援助のノウハウが未確立であることを示している。

　さらに、障害児保育の経験がある保育者に、保育歴と障害児保育歴（「初任」：1〜4年、「中堅」：5〜10年、「熟達」：11年以上）について調査を行い、比較した結果（表2）、障害児保育を11年以上経験している保育者は6.5％のみで、圧倒的に経験が不足していることがわかる。

表1 発達障害児を保育する保育者の抱える困難性（筆者作成）

対象	カテゴリー	具体的な困り感
子ども	不安	・知識がないので不安 ・適切な指導・援助ができているのか不安
	援助・理解の困難性	・障害特性か個性や経験不足なのか判断が難しい ・発達のレベルに合った経験ができていない ・問題行動を起こす理由がわからない ・具体的な援助や支援の方法がわからない ・みんなと一緒に活動するためにどうしたらよいか分からない ・集団活動や行事のプログラムを作るときに戸惑う ・同じ障害名であっても個々によって差がある
	疲労	・注意と労力がかかる ・変化が見られない
保護者	共通理解の困難性	・どのように伝えたらよいのかわからない ・他児の保護者にどのように伝え、理解を求めればよいかわからない ・保育者が問題だと捉える言動を問題だと思わない、受け入れない
	非協力的	・協力が得られない
環境・条件	連携	・相談できる機関・巡回相談などが十分でない ・助言がほしい ・園内の連携不足
	人的・時間的問題	・人手不足・加配がつかない ・一部の人の負担が大きい ・研修会など学ぶ機会が少ない ・時間がない（記録や情報交換等） ・対象児や健常児に時間や手をかけてあげる機会が少なくなる

表2 保育歴と障害児保育歴の比較 ※数値は人数、（ ）内は割合
（出典：櫻井貴大（2015）「発達障害児を支援する保育者の躓きに関する研究—知識と実践のズレに着目して—」愛知教育大学大学院教育学研究科修士論文）

	初任	中堅	熟達	合計
保育歴	64 (30.6)	49 (23.4)	96 (45.9)	209
障害児歴	119 (59.2)	69 (34.3)	13 (6.5)	201

第5部

42 保育者の専門性

概説

　児童発達支援センター（通園施設）の職員が障害児「療育」の専門家と考えるならば、保育者は障害児「保育」の専門家といえる。保育者の専門性を考える上で、この2つを比較することで見えてくることがある（表1）。注目したいのは、定型発達児の中に障害児がいるという集団的特徴であり、通常の集団保育がベースになっているのである。つまり、保育者の専門性は①集団の力を十分に生かす技術と適正に評価できる力、②インクルーシブ保育における集団づくりの技術、③遊びを通して発達を援助する技術の3つが挙げられる。

　①について、具体的には、定型発達児の姿から刺激を受け意欲を引き出したり、集団に入れるように援助をしたりする技術面にあわせて、障害児が遊びの中にいるだけで遊びに「参加」していると捉えるのではなく、その遊びに参加することを強制されていないか、お互いに関心を持ち肯定的な影響を与えているか等、質的な面にも目を向け評価できる力が求められる。

　②については、障害児以外の他児への援助技術である。例えば、保育者が障害児に関わる姿を見せて、関わり方のモデルになったり、障害理解を図ったりすることである。特に、インクルーシブ保育の観点からも、障害があることを特別であると捉えるのではなく、外国籍の子や肌の色の違う子などと同様に、違いがあって当然であると捉えられるようにしていくことが求められる。それらは、保育者の何気ない言動や態度、姿勢等から子どもたちが感じ取る部分でもあるため、その保育者の人間性が如実に出るが、表面上取り繕うことができない部分であり、一

表1　保育所、幼稚園と児童発達支援センターとの違い

保育所、幼稚園		児童発達支援センター
集団	ベース	個人
定型発達児の中に障害児	構成	障害児のみ
日常の送迎時、巡回相談、懇談会等	保護者支援	相談、母子療育
保育（遊びが基本）	形態	療育（訓練的要素あり）

朝一夕で身につけられるものではない。保育者としてインクルーシブ保育に関する知識や概念等を深く理解するとともに、それに沿った援助はどうしていくのか等、実践を通して身につけていくものである。保育者の一挙手一投足の影響力の大きさを肝に銘じて自己研鑽をしていかなければならない。

③については44、45、46を参照。

まとめ

保育者の専門性とは、療育ではなく、保育をベースとして、専門的な知識に裏づけられた（以下の3つの柱を中心とした）技術を十分に発揮することである。

①集団の力を十分に生かす技術と適正に評価できる力
②インクルーシブ保育における集団づくりの技術
③遊びを通して発達を援助する技術

第5部

43 危機管理

概説

　2001年6月の大阪教育大学附属池田小学校の校内児童殺傷事件により、学校や園での危機管理体制が問われるようになった。文部科学省は2002年に「学校への不審者侵入時の危機管理マニュアル」を作成し、さらに、2008年1月には改正版の「学校の危機管理マニュアル　―子どもを犯罪から守るために―」を作成している 。また、2011年3月11日に発生した東日本大震災により、多くの尊い命が奪われたことから、再度危機管理体制について問われるようになってきている。

　危機管理と一言で言っても、地震、火災、津波、大雨、浸水などの「自然災害」に関するものや、不審者や外部来園者に対する「不審者・犯罪」に関するもの、子どもの怪我やSIDS（乳幼児突然死症候群）などの「事故」に関するものなどが挙げられる。これらに対し、保育所や幼稚園では「避難訓練」や「防犯訓練」といった訓練を行っているところが多いといえよう。しかし、訓練が形式化してしまい、危機管理に対する意識の低下や、実際に起こったときにパニックになってしまい適切に対応ができないケースも多いと考えられる。例えば、救急車を呼ぶ際に自分の保育所の住所や電話番号がすぐに出てこないという場合もあろう。そのようなことも想定してマニュアルづくりなどを進めていく必要がある。

　また、子どもたちはとっさの判断で行動することが難しいので、訓練を行うことによって、どこに、どのような方法で避難するのかを知ること、保育者の指示をしっかり聞くことなどを身につけておきたい。特に自閉症スペクトラムの子どもたちは

事態の急激な変化や大きな音などによって不安やパニックになることが予測されるため、その子が安全に避難できる方法をしっかり把握しておく必要がある。

（1）危機管理（初級編）

今までの防犯訓練や避難訓練をもとに問題点を挙げて、マニュアル作りをする。それを利用して、誰もがすぐに行動に移せることが望ましい。例えば、事故が起きた場合に何をすればよいかわからなくなってしまうことがあるので、各クラスの所定の場所に流れを書いた紙をぶら下げておく。また、「誰か救急車を呼んでください」と叫んでも、誰が救急車を呼べばよいのかわからない場合があるので、「AED を持ってくる人」「他の職員に連絡をする人」といった役割を記入したカードをまとめてぶら下げておき、非常事態の際にそれを配ることでそれぞれの役割が明確になると考えられる。その際に、障害のある子を誰がどのように避難させるのかもあわせて考えておく必要がある。

（2）研修（中級編）

園内だけでなく、遠足や散歩などの外出時の非常事態を想定して行う。特に怪我などの場合は心肺蘇生などを行う必要がある場合、障害児を含めた集団を一人で安全確保しなければならないことも想定されるため、二次災害が起きないように工夫する。

（3）研修（上級編）

各自が（園の内外問わず）非常事態の状況を想定して担当者として訓練を行う。できれば職員全員が担当者になるのが望ましい。

第5部

コラム⑤：園長の役割

　幼稚園や保育所の代表として働く園長は、幼稚園や保育所の顔であり、園長に対する評価が、その幼稚園や保育所自体の評価につながることも珍しくはない。

　園長の仕事内容として最優先に取り組むべきことは、園の経営管理に関することである。そもそも園が成り立っていくための資金管理が必要となる。その園で働く保育者に対しての給与額や、園での諸経費の計算がこれにあたる。加えて、行政への補助金の申請も園長の仕事の一つである。

　また、園内の設備（遊具や備品）の安全確認や、給食の検食も行う。園内の設備に問題があれば、園児や保育者に危険が及ぶ可能性を減らし、リスクマネジメントをし、快適な保育環境の実現を目指す必要がある。

　他園や外部との交流も、園長の役割の一つであるため、会議や会合への出席は多く、外出も頻繁となる。しかしながら、園長は幼稚園や保育所に「居る」ことが時には大きな役割となる。なぜなら、何か問題が起きたときに対処ができるよう待機する必要があるからである。このような園長の周到な配慮によって、保育者や保護者、園児の安心できる生活は保障されている。

　保護者や保育者などとの対人における、信頼関係を築くことも、園長の役割として大切なことである。園児の保護者は、園や保育者に対して不満に思うことがあるが、そういった保護者の不満を解消したり、安心できるようにきちんと話し合ったりすることが必要となる。また、話を聞いてもらうことで保護者は、わが子のことを園の代表者である園長が知っていてくれているという安心感も持つことができるのである。さらに、実際の保育室の雰囲気を作るのは、担任をはじめとする、園にいるたくさんの保育者たちであるが、その保育者の育成や、保育者の不満にも耳を傾ける必要がある。保育者は目の前の子どもたちで手一杯となり、クラス全体まで視野が行き届かないことがある。そこで園長には第三者的な視点として、その保育者の視野を広げるようなアドバイスが求められるのである。

（丸山亜梨沙）

第**6**部

質の高い保育

44 遊びの意義

概説

　幼児教育においての遊びの重要性は周知のとおりである。幼稚園、認定子ども園では、「乳幼児期における自発的な活動としての遊びは、心身の調和のとれた発達の基礎を培う重要な学習であることを考慮して遊びを通して指導を中心として総合的に達成されるようにすること」を目標としている。では、なぜ、小学校教育のように直接的な学習ではなく、遊びが重要視されるのだろうか。その理由として主に①子どもにとって、遊ぶことはごく自然な活動である、②楽しみをもたらす活動である、③自発的・能動的な活動である、④さまざまな種類があり、さまざまな要素を含んでいるということが考えられる。これらは、障害の有無にかかわらず当てはまる。①については、子どもは教えたわけでもなく、自然と遊びを始めることからわかるように、誰もが無理なく経験できる活動であるという間口の広さが特徴と考えられ得る。②③については、遊びは本来、面白いものである。だからこそ、子どもたちは自発的・能動的に取り組むことができる。これが、学びの原点であり、学習効果を上げる重要な要素でもある。④については、例えば、小学校の算数のような教科の場合、計算力を身につけることに特化したものと考えられる。しかし、鬼ごっこ一つをとっても、走ることで身体的な能力の発達、鬼との距離を測ったり、逃げる場所や通り抜けられる場所を瞬時に見つけたりする空間認識能力の発達、集団でルールを守ろうとしたり、変化させたり、トラブル時に解決しようとしたりなどの社会性を育むなど、多くの教育的効果が含まれている。さらに、おままごとや砂遊び、お絵かきな

ど、種類も豊富であり、子どもの興味・関心に沿ったものを提供できることも特徴として挙げられる。

問題点

　障害のある子に対して遊びを提供する際に、指先を使う遊びを経験させたいと思い、粘土や型はめなどのおもちゃを提供するが、なかなか興味を持って遊んでくれない。自発的な遊びを大切にしようと思うと無理に誘うこともできないので、どうしたらよいか困っている。

具体的な支援方法

　遊びは目的であって、手段ではないといわれるが、「手段」か「目的」かというものは、保育者の思いだけでなく、その子の心理的状況や意識なども影響するものである。つまり、保育者が指先を使う経験ができるようにという「手段」として粘土を用意し、「一緒に遊ぼうね」と障害のある子を誘って粘土を触り始めたとする。そのときに、その子が「やりたくないなぁ」「楽しくないなぁ」と感じたとすると先述した②と③から外れてしまうことになり、「手段」のままである。一方、保育者と一緒に遊ぶことで「楽しい」「次はこうしてみたい」と感じたらどうだろうか。その子にとっては集中して没頭できる遊びになり、その時点で遊びが「目的」になっているといえる。つまり、「手段」か「目的」かというのは固定的ではなく常に変動しているのであり、結果的に遊びが「目的」となるようにするということが大切であるといえる。

第6部

45 遊び指導の原則

概説

　障害の有無にかかわらず、共通する遊び指導の原則は共通しているが、それに加えて障害に応じた配慮が必要となる。まず、共通する原則として、①子どもにとって楽しいものであること、②自発的・能動的な活動であること、③発達に応じたものであること、④単発的ではなく、見通しをもった系統的なものであること、⑤広がりを持っていることという5つが挙げられる。

　①②について、主活動が終わると子どもたちに「先生、遊んでいい？」と聞かれることがある。つまり、主活動は子どもたちにとっては保育者主導かつ、受動的な活動であり、子どもたちの興味・関心から出発した活動ではなかったことが読み取れる。一斉保育においては陥りやすいものであるため、子どもたちが興味・関心を持ち、主体的に取り組めるような遊びの導入の工夫や環境構成を考えていかなければならない。③については、月齢や年齢における発達段階、子どもの内面等の深い理解から遊びの援助がされ、心身の発達を促すものになっているか、④については、その遊びが今後どのような遊びにつながり、子どもの発達や姿がどのように変化していくのかという予測のもとに援助されていることが必要である。⑤については、例えば、電子機器のゲームも遊びとして捉えるのであれば、その遊びを通して他児との関わりがあるのだろうか。保育施設の特徴である集団における遊びとしてふさわしいものだろうか。そのような視点で見れば、この遊びは広がりにくい遊びといえるだろう。

　これは一人で遊びに没頭していることを否定しているのではない。砂場で砂を上から落として眺めている遊びをしている場

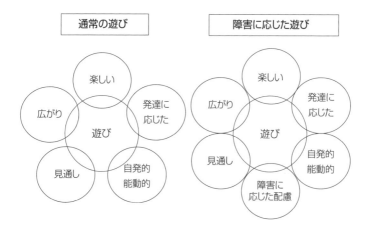

図1　遊びを構成する要素の違い（筆者作成）

合、その興味・関心を出発点として、穴掘りや砂山づくり、さらには、他児と一緒に遊ぶきっかけになると捉えて援助していくことができれば、広がりのある遊びといえるだろう。

　そして、障害に応じた配慮として、遊びの教育的意義を重視して、気づかぬうちに訓練にならないように、また、障害があるが故に、理解しにくい遊びの捉え方について十分な配慮を必要とすることを忘れてはならない。

第6部

46 遊びにおける保育者の役割

概説

　保育施設の特徴である「集団」という点に着目するのであれば、保育者の役割は①遊びと子どもをつなぐ、②遊びを横につなげる、③遊びを通して他児とつなげていくという3つの「つなぐ」役割が考えられる。

　①については、多動で一つの遊びに集中できない、ずっと自己刺激行動をしていて遊ぶ機会が少ないなど、障害があるがゆえに遊ぶこと自体が難しい場合がある。この際に、その子自身の興味・関心を把握し、それに合わせた遊びを提供することで遊び始めることがある。そこで、保育者はその子が楽しんでいることや、楽しいと思えるように共感することも重要である。

　②について、例えば、寝転がりながらミニカーを動かし、そのタイヤの動きを眺めながら遊んでいることがある。その際に、保育者が一緒になってミニカーを使って傍に寄り添いながら、積み木やブロックで道路を作る。すると、子どもは次回から同様にそれらを使って道路を作るなどの経験を通して、積み木やブロックに興味・関心をもつきっかけになることが期待できる。遊びの種類が増えることで、発達の可能性も期待できるといえる。

　③について、社会性の未熟さや知的な遅れなどから人間関係を築くことが苦手な場合がある。同じ場所で遊んでいるだけで直接関わることはなくても、他児に興味を気にしていたり、観察したりしていることもある。そして、遊びの中でトラブルが起きてくる。そこで、他児との関わり方を根気よく伝えることはもちろんだが、他児と関わって遊ぶことの楽しさを伝えていくことが重要となる。また、他児に対しても、その子への誤解

がないように障害児の行動の意味や思いを代弁したり、どうしたらみんなで楽しく遊ぶことができるのかを一緒に考えたりしながら、ルールや環境を工夫することでそれを実現していく。

　このように、保育者は時に緩衝材のように、時に架け橋のように柔軟に援助していくことが求められるのである。

実践に役立つ指導法（保育者、遊び、Ａ君の関係を核に）

　消防車が好きな自閉症スペクトラムと診断された５歳のＡ君が、一人で消防車を「ウーウー」と言って走らせて遊んでいる。保育者は救急車を持って一緒に「ピーポーピーポー」と走らせ、「Ａ君大変です、ブロックのところが火事になっています。至急出動してください」と伝える。Ａ君が「消火完了しました」と言うので「ご苦労様です！　あ、でも、ここに怪我をした人が！　すぐに病院に運びます」と言いながら保育者はブロックで建物を作り、ブロックの人形をそこに運び込む。すると、周りの子（Ｂ君、Ｃ君）がそれを見ていて、面白そうだと思ったようで、車を持って加わってきた。Ｂ君「ガッシャ～ン！　先生、ここで事故が起きました」と言って車同士をぶつける。「Ａ君、車から火が出ています。すぐに出動してください」と言うと張り切って「ラジャー」と言ってそこに急行する。さらに保育者は「病院に行きたいのにガソリンがなくなってしまった」とつぶやくと、すかさずＣ君がブロックでガソリンスタンドにあるノズルを作り給油してくれる……というように、保育者とＡ君と遊びの３つの関係から遊びを展開していくことで、①②③の役割を果たすことができるのである。

47 丁寧な関わり

概説

　丁寧な関わりは、何より保育者がその子のことをどれくらい知っているかによって左右される。そのため、その子をしっかり観察して、性格や特性などを含めて理解していく必要があり、この子ども理解がすべての土台となる。

　次に、その子が安心して過ごせるような信頼関係を築くことである。この信頼関係がなければ、どのような関わり方をしても丁寧な関わり方にはなりえない。

　そして、子どもに共感しその子をまるごと受け止めることである。子どもが保育者にとって問題行動とも思える行動をしたときには、何かしら原因があり、その子の思いがそこにあるはずである。それを読み取って、「このおもちゃが欲しかったんだよね」「これが嫌だったんだよね」と受け止め、共感してあげることが先決である。その上で、どうすればよかったのかということを伝えればよい。

　障害特性から、思いや行動の原因を十分に理解してもらえず、共感をしてもらえることが少ない場合がある。また、トラブルも多いので、保育者は無意識のうちに「困った子」として認識してしまっている場合がある。そうすると、それが子どもに伝わってしまい、関係が築き難くなってしまうことがある。そのため、よい面も悪い面も含めて、その子をまるごと受け止めてあげることで、関わり方に変化はなくても、子どもにとって丁寧な関わり方に変化するのである。

　最後に、保育者の関わりが子どもに届いているかどうかを見極めることである。丁寧な関わりは「短くわかりやすく伝える」

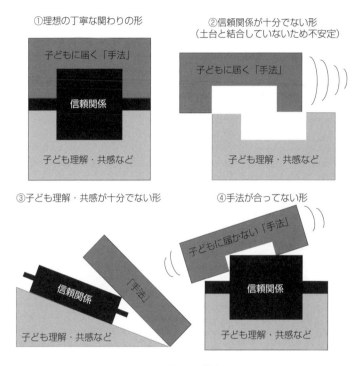

①理想の丁寧な関わりの形

子どもに届く「手法」

信頼関係

子ども理解・共感など

②信頼関係が十分でない形
（土台と結合していないため不安定）

子どもに届く「手法」

子ども理解・共感など

③子ども理解・共感が十分でない形

信頼関係

「手法」

子ども理解・共感など

④手法が合ってない形

子どもに届かない「手法」

信頼関係

子ども理解・共感など

図1　関わりの構造

第6部

「見通しを持たせる」という「手法」だけが一人歩きをしていることがある。しかし、これはもともと、その子に伝わりやすいような工夫の一つでしかない。そのため、短くわかりやすく伝えたとしても、その子にそれが届かなければ丁寧な関わりとは言えないのである。

　丁寧な関わりはこれらが土台となってはじめて、丁寧な関わりになりうるのであって、決して手法だけが上滑りするようなことがあってはならない。

48 ほめ方、しかり方

概説

本項は、**47**で言う「土台」があるという前提で読んでいただきたい。

子どもの気持ちや思いを受け止めることは大切である。それでも、いけないことはいけないと伝えなければいけない場面もある。ついついしかりたくなってしまうが、しかり方を知る前に「ほめ方」を知ることはとても大切なことである。特に、障害のある子はしかられることが多く、自尊感情が傷つき、自己肯定感が育ち難い危険がある。これらをしっかり育てるためにも、適切にほめることが求められるのである。

その原則は、子どもをまるごとほめることである。つまり、能力への自信より先に存在への自信をしっかり持てるようにするのである。ついつい、ほめるときに「約束を守ることができたね」と「できる・できない」に焦点をあててしまうが、例えば、当番活動で机を拭くことができた際に、「机をきれいに拭けたね」とほめるよりも、保育者や友だちから「拭いてくれてありがとう」とほめてもらった方が、次も頑張ろうという意欲につながるだけでなく、何より、自分自身が大切にされていると感じることができるのである。そして、次に、できたことやよい行為に対して、すかさず、具体的にほめることが重要である。最後に、みんなの前でほめることも効果的である。本人にとってだけでなく、他児からもほめてもらったり、その子への見方も変わったりするからである。

反対にしかり方の原則として、まずは、本当にしかるべきことかどうかを考えなければならない。まだ、十分に理解ができ

なかったり、感情のコントロールする力が未熟だったりする場合は、環境を工夫したり、約束を守れるものにしたりと、保育者側の配慮が必要となってくる。なぜしかられているのか、どうしたらよかったのかが十分に理解できていないと、「しかられた」という嫌な体験だけが残ってしまうことがあるので注意が必要である。次に、「走りません」としかるよりも「歩こうね（歩きます）」というように、否定するよりも、どうしたらよいのか具体的に伝えることの方が理解しやすいことが多い。言葉だけでは理解することが苦手な子がいるので、写真や絵カードを見せながら伝えるなど、その子が理解できる方法を探っていく。最後に、みんなの前でしからないことである。みんなの前でしかることで、その子が他児から「またしかられてる」「あの子は悪い子だ」という印象を与えてしまう危険があるので、注意したい。

実践に役立つ指導法

ほめ方

①「できる・できない」より先に、その子をまるごとほめる

②できたときは、その場で具体的にほめる

③みんなの前でほめる

しかり方

①本当にしかるべきことかどうか見極める

②「ダメ」「〜しません」ではなく「〜しようね（します）」と具体的な代替方法として伝える

③その子が理解できているか確認しながら、「しかられた」という思いだけが残らないように伝え方を工夫する

③しかるときは、他児から離れたところで伝える

第6部

49 子どもの内面充実

概説

　発達的側面に立つと、訓練のように「〜ができる」という能力を身につけたり、伸ばしたりすることが目標となり、子ども自身の内面に目を向け寄り添うことから遠ざかってしまうことになる。保育者にとって、「問題行動」として映ることがあっても、「どうしてそういうことをしてしまうのだろう」とその子の気持ちや思いに寄り添いながら関わることは当然であろう。しかし、それが、問題行動を軽減するためだけに終始していることがある。

　例えば、聴覚過敏のある子が室内の騒音に耐え切れず外に飛び出してしまったとする。保育者はその子の立場に立ち「耐えられない音があったのかもしれない」と思い、部屋の外にエスケープスペースを作り、「我慢できなかったらここに入っていいんだよ」と伝えたとする。一見、障害の特性に合わせた適切な援助のように見えるが、さらに一歩深く踏み入って見てみると、室内の騒音が苦手であるにもかかわらず、自ら入ってくる姿が見られるとしたら、どうだろうか。その子は室内の騒音が苦手ではあるが、クラスの一員として「みんなと一緒にそこに居たい」という思いがあったのではないか。そう考えるのであれば、見通しをもった、もう一歩踏み込んだ援助が可能になるだろう。自閉傾向と診断を受けた作家の東田直樹氏は、自分の著書で「何かをやらされることは嫌いですか」という質問に対して、「ずっと僕たちを見ていて欲しいのです。見ていてというのは、教えることをあきらめないでくださいということです。どうして見ていてという表現を使ったかというと、見ていてくれるだけでも、

僕たちは強くなれるからです。（中略）頑張りたいという気持ちはみんなと同じなのです。だめだとあきらめられると、とても悲しいです。どうか、僕たちが努力するのを最後まで手伝ってください。」と述べている。「どうしてだろう」と考えるのは、その「問題行動」を取り除く原因を探るためではなく、その子の「こうなりたい」「よりよい自分になりたい」という思いや葛藤に共感し、支えていくことである。それが、子どもの内面充実への援助につながるのである。

問題

　障害によっても特性が違い、同じ障害名であっても個々によって違うため、その子の思いや気持ちを理解することが難しいと感じることも多い。どのようにしていけばよいのだろうか。

具体的な支援方法

　基本的な考えは、関わりながら探っていくことであろう。その子を理解しようとしたときに客観的に観察しているだけでは不十分であろう。その子を理解するために、表面上に現れる行動や表情等から推し量ろうとするが、必ずしもそれが当てはまるわけではない。そこで、「こういう思いではなかろうか」という仮説をもとにその子への援助を行い、その子の反応や雰囲気を読み取るのである。もし、その仮説が大きくズレているのであれば、違和感があるだろうし、ズレが小さいのであれば、何か手応えを感じるだろう。そのやりとりを繰り返しながら、その子の内面に迫ることが観察では見えてこない実践ならではの醍醐味なのである。

第6部

50 障害特性と指導

概説

　障害特性に合わせた指導では、自閉症スペクトラムの特性をもつ子どもに対するTEEACHプログラムのように、言葉では理解できない場合も視覚的にわかりやすいように、写真や絵カードを利用することで理解しやすくなるといったものがある。言い換えれば、その子が理解しやすく安心して生活ができるように環境を整えてあげることとも言える。いろいろな刺激が入ってきてしまい集中して遊べない場合には仕切りを使ったり、遊びコーナーを別に作ったりすることによって、集中して遊ぶことができることもある。初めての場所は不安からパニックになる場合、事前に一緒に下見をしたり、写真を撮っておき、それを見せたりしながらイメージをしておくことで、それらを軽減できるかもしれない。しかし、これらはあくまで一般論であり、どの子にも通用するものではない。問題行動に対する一般的な原因や理由、援助方法を参考にしながら、実際に目の前の子に照らし合わせて、それらを探っていくことが重要である。

　例えば、「視覚的にわかりやすく」という場合、写真や絵カードを利用するだけがすべてではない。折り紙をする際に、折り目がわかりづらいようであれば、その折り目に線を引いてあげることで、その線に沿って紙を揃えて折ることができるようになったり、はさみで線に沿って切る場合、細い線ではなく、太い線を引くことによって切りやすくなったりと、小さな援助でも、子どもにとっては大きな援助となりうるのである。

問題点（見守っているのか、放置しているのか）

　同じ部屋にはいるが、なかなか集団遊びに参加すること、友だちと一緒に遊ぶことが難しく、どこまで誘って、どこまで見守ったらよいのか判断が難しい。

具体的な支援方法

　このような場合、しっかり保育者自身の言葉で説明できるかどうかがポイントとなる。「どうしてあの子は一人で遊んでいるの？」と質問された際に、今はまだ集団に入って遊ぶことが難しいという「現状の姿」、活動の最初と中盤には声かけをして参加するように促しているという「援助」、手遊びなどは一緒に参加できるようになってきたという「変化」、そして、他児が遊んでいる姿を見ていることで次第に遊びに参加してくるだろうという「見通し」の4つの根拠から、無理なく本人のタイミングで参加できるように見守っている、と説明すれば、放置しているわけではないことを理解してもらえるだろう。しかし、「誘っても嫌がるので無理に誘わない」という説明だけでは、放置しているように聞こえてしまう恐れがあるだろう。浜谷は障害児の参加の状態を①参加（障害児を含めたすべての子どもがともに自然に生活を営み、意欲的に活動し、肯定的な影響を与えている状態）、②共存・独立（別々の場で活動しているが、お互いに関心を持ち、行動に肯定的な影響を与えている状態）、③放り投げ（他の子どもたちのとの活動を強制されたり、障害児の行動に関心をもたれたりしない状態）、④隔離・孤立（お互い別々の場で生活し、無関心であり、行動が害を及ぼし合う状態）に分けている。現状がどれに当てはまっているのか、このような指標を参考にすることも重要である。

51 事例研究

概説

　事例研究とは一つの事例を取り上げて、詳細に分析する形式の研究である。一般性、普遍性に欠けるという批判もあるが、実際に目の前にいる子どもに対しての問題を深く追求することにより、その本質を把握することができるという点に意義があるといえる。小川は「障害・発達・生活の実態、生育史、家庭環境などの諸要因を含めて、障害児本人の変容過程を時間的経過と空間場面の中で明らかにしようとする研究である」と述べている。つまり、その子の現在の姿だけでなく、その子が現在に至るまでの歴史やプロセスを踏まえた上で、子ども理解を深め、子どもの実態を正確に把握することにより、具体的な望ましい援助の方針を見いだすことを可能にするのである。

　事例研究をより有効なものにするために、日々の保育の実践メモを丁寧にとっていくことが必要となる（→**52**、**53**）。

　保育は計画を立てていても、その通りには進まないのが常であり、その都度、瞬時の判断を迫られる。その判断には、その保育者がそれまで培ってきた保育観や子ども観等が反映される。しかし、それが独りよがりなものであってはならない。それらの保育観や子ども観をより確かなものにしていくために、研究や研修が必要なのである。特に、事例研究は具体的な場面を取り上げるために、それらが前面に出やすく、それぞれの違いに気づいたり交流させたりすることにより、新たな保育観や子ども観の構築を可能にするのである。

事例研究

（1）事例研究（初任者向け：エピソード記述を活用する）

　まずは、自分が対応に困ったり、判断に迷ったりした場面など、自分の気になった部分の実践について書いてみる。その際に、事実だけを書くのではなく、自分の心的状況、例えば、子どものある行動に対して、「きっと〇〇という思いがあるのではないかと読み取れたので、自分はこのような援助をした……」というように、そのときの心情を実況するように書いてみよう。それを複数の職員で共有して、「このときに、△君は□□したかったんじゃないかな？」など、多角的に子どもの内面に迫り捉えていく。

（2）事例研究（中堅者向け：実践メモをつなげる）

　これまでの子どもの姿と保育者の援助の変容をまとめる。子どもの生育歴、家族の構成、保育所や幼稚園に入所してきた経緯、入所時の様子、保護者の思い、願いなどの基本的な情報はもちろん、入所してからの問題行動や対人関係の変化などの項目に分けて記入していく（→**53**）。それをもとに、変化が起きたと読み取れる時期を整理していく。どのような援助がされていたのか、それによって子どもの姿がどう変容していったのか、援助の有効性や課題を考察する。さらに、一度だけで終わるのではなく、計画→実践→評価→改善というPDCAサイクルの中、繰り返し継続的に行っていく。

（3）研究保育（ベテラン向け：保育カンファレンスを活用する）

　保育カンファレンスについては**55**を参照。

第6部

52 実践の過程

　保育における実践と理論について、高嶋は、これまでの理論的研究が現実の子どもやその生活にどう生かせるかという視点を欠いていることを指摘し、理論と実践との間に大きな隔たりが見られ、実践を支える理論の探求とその成果を実践に還元することが求められると述べている。保育においては、発達段階や障害特性などの理論をもとに子どもを援助するが、それらを目の前の子どもたちに適応させるために味付けを変えていかなくてはならない。当然、それを客観的に見ているだけではすべて理解することができるものではなく、その保育者と子どもの信頼関係があってこそ、その環境、その集団のメンバーだからこそ、有効な援助となりうるという、現場に居る者にしか感じることのできない雰囲気や空気感というものが存在するのである。それは、研究者では表現することのできない、実践者ならではのものである。戸田は「保育学とは、子どもを『保育』しようと意図するものが、何をどうすべきかを選択し、決定する、その判断の根拠を検討する学問である」と定義していることからも、実践の過程を省察し深く考察することが保育行為における判断の根拠を検討することになり、実践に還元できうる理論となるのである。

保育実践における「過程の質」についての分析

　林は保育実践における「過程の質」について次のように分析し、8つのグループにまとめている。

　①子どもの育ちにおいて保育者が大切だと思っていること（保育の中で子どもに育ってほしいという願い、子どもに伝えたい

という思い）、②子どもと過ごす中で保育者の心が動かされた（子どもの気持ちが伝わってくる）、③実践した活動について振り返る（活動を振り返って自己評価する、活動を発展させたい）、④子どもたちの姿から行為の意味を考え育ちの可能性への期待と課題を考える（子どもたちの集中力や自信を捉える、育ちの見通しと期待、子どもたちが楽しそうでいきいきとしている、いろいろな可能性が増えている等）、⑤子どもたちの関係性を捉える（友だち関係の深まり、友だちへのやさしさや受容的態度、友だちに対するネガティブな捉え方をしている）、⑥もっとよい実践をしたいと思い、そのためにはどうすればよいかを考える（子どもの姿の観察を丁寧にしたい、こういう経験を重ねていきたいと思う、子どもの経験、安全をしっかり守っていきたい）、⑦子どもと過ごす中で保育者の子どもへの関わり方について考える（子どもへの態度や言葉を省みる、子どもの関わりにおいて何が大切かを考える、自らの関わりの方向性を確認する、）⑧職員との協力が大切であるとしている。

まとめ

　林は上述した8グループの関係から、子どもの育ちへの願いをもった保育者が子どもと出会い、子どもの行為の意味を考え、次の関わりを展開するという省察を行き来しながら、保育者と子どもとの関わりの積み重ねの中に「過程の質」が見いだせることが考察できたとまとめている。

第6部

53 実践記録の意義

概説

　保育者が思ったことや感じたことがあっても、保育の営みはその瞬間、瞬間にあり、次々に流れていってしまうため、それ自体を忘れてしまったり、深く考察したりすることが難しい。また、実践記録は事実の羅列に留まらず、実践を振り返って書かれることから、印象に残ったことや記録して残しておきたいことが選択されるため、自ずと保育者の思いや、考えが記されやすい。

　実践記録の意義は、第一に、客観的に自分を振り返ることができる点である。実践から理論を見いだしたり、意味づけしたりするためには客観的な視点が必要となる。第二に、言語化することで実践を整理する点である。実践を通して、頭の中では漠然と理解し把握しているつもりでも、いざ言語化しようとすると難しく感じるときは、十分に整理されていないといえる。第三に、そのときには気づけなかった子どもの表情や行為の意味に気付いたり、新たな行為を誘発した要因や効果的な援助方法を思いついたりする機会になる点である。実践を言語化する際に、その場面を思い出し、保育者の援助、子どもの行為の意味づけを整理しようとすると、「周りの環境はどうだったのか」「なぜ、そのような行動を取ったのだろうか」「本当に自分の解釈が適切なのか」と考えを巡らせ、自問自答することに意味があるのである。第四に、長期の成長・変化の節目が見える点である。例えば、一年間の記録をもとに整理してみると、好きな遊びを見つけ、じっくり遊べるようになった時期に問題行動が減った一方で、友だちとのトラブルが増えるという新たな問題

行動が見られるようになることもある。これが実践を科学化し理論化していくために必要な視点であり、保育者としての「経験知」として見通しを持って関わることができるようになるという力量形成の一端にもなり得るのである。

問題点

どのように記録したらよいのかわからない。

具体的な支援方法

具体的な項目に分けて記録を整理すると（表1）、時間の流れによる縦の変化と、それに伴った横の変化の関係が読み取りやすい。

表1 時間の流れに伴った行動の変化の例

年齢	問題行動	遊び	言葉	対人関係	その他
4歳4月	部屋から飛び出す	遊べない	言葉は出ていない	関わらない	安心できる場の設定
6月	自由遊びのときは部屋で過ごせる	音の出るおもちゃを繰り返し遊ぶ	言葉は出ていない	保育者に手を出して要求するときもある	好きな遊びを見つける、提供する
8月	自由遊びの時間になると自分から部屋に入る	音の出るおもちゃを繰り返し遊ぶ	おもちゃを取ってほしいときに「アッテ（取って）」と言う	保育者に手を出して要求する頻度が増えた	好きな遊びを介して言葉で要求できるように援助する

この例を見ると、4月から8月にかけて好きな遊びが見つかったことにより、室内で過ごせるようになってきたこと、遊びを通して保育者に要求を伝えようとすることで、言葉の出現にもつながったことが読み取れる。このように、表に記入していくことで、発達のプロセスや各領域の関連を整理することができるのである。

第6部

54 評価

概説

　保育においては、なかなかうまくいかない、自分の思いと子どもの姿のズレを感じることも多い。反対に、自分の思いと子どもの姿がぴったり合うということも多いだろう。これらの違いは、適切に評価ができているかどうかが問われる。ここでいう評価というのは、「うまくいった」「うまくいかなかった」という結果ではなく、「なぜうまくいかなかったのか」「なぜうまくいったのか」という過程に焦点をあてた評価を意味する。さらに、評価をする際に、主観的な視点と客観的な視点、子ども側の視点と保育者側の視点など、さまざまな角度や視点から評価していくことで、子どもの姿や問題がより立体的に見えてくる。例えば、子どもが部屋から飛び出していってしまうという問題行動に対して、子ども側の思いに立ってじっくり観察してみる。すると、室内が騒がしいときに飛び出すことがわかる。しかし、これは一つの視点からのみの評価であり、子どもの姿や問題が平面的にしか見えていない。さらに、飛び出していかない場面はどうかと観察してみると、保育者の膝の上にいるときや好きな遊びをしているときは飛び出していくことが少ないことに気づく。室内がその子にとって十分に安心できる場所になっていないのではないかという問題が見えてくれば、その子の安心できるような環境づくり、雰囲気づくりなどの援助が必要だと評価できる。このように、評価というものを独りよがりなものにしないため、総合的に見ていくこと、さらに複数の保育者によってなされることが必要となるのである。

(1) 評価（初任者向け：問題の原因、解決方法を探る）

保育所や幼稚園で指定されたものでもかまわないので、毎日継続して保育の反省を書くことが重要となってくる。毎日継続することで、正確な子ども理解や適切な評価をする力につながる。そこに、問題に対してなぜそれが起きるのかという「原因・要因」を自分なりに探ってみる。そして、それを解決するためにはどのようにすればよいかという「具体的な解決方法」を記入する。「○○という課題があるので工夫していきたい」という反省を目にすることがあるが、頭の中で漠然と理解しているだけではすぐに対応できない。実際にその場で具体的な方法を書きとめておき、すぐに次の実践に生かせるよういくつか蓄えておくことが必要である。

(2) 評価（中堅者向け：問題以外の部分を評価する）

評価は決して問題解決だけの方策ではない。保育の中には優れた実践も多くあるが、日々の中で取り上げる機会は少ない。保育者がうまく援助ができたと感じた場合、子どもが成長したと感じた姿など、それに至る過程を整理しておく。すると、子どものよい部分も見えてくるだろうし、そこから問題解決の糸口がつかめることもある。また、保育者自身の保育観を振り返ったり、得意分野、苦手分野などに気付いたりする機会になる。自分自身を適切に理解し、評価することでさらに力量向上することができる。

(3) 評価（ベテラン向け：総合的、複数で評価する）

実践記録をつけながら（→**53**）さまざまな領域での関連を踏まえて考察し、実践を理論化していく。それを、職員会議や保育反省、さらに、外部に公開していくことで、批判や共感を通して自分の評価をしてもらい、固定概念に捉われず、適切な評価ができる目や感覚を養っていく。

第6部

55 保育カンファレンス

概説

　カンファレンスとは「会議」とも訳されるが、保育現場でも保育反省や職員会議といった形で会議を行っているだろう。それらの会議とカンファレンスの違いは、「ルールに決めた話し合い」捉えることができる。そのルールの一つが「共通認識」である。森上は①1つの「正解」を求めようとせず、多様な意見が出されることによって、多角的な視点が獲得され、自分の枠が広がる、②建前でなく本音で話すこと。「共感」が大事であるということがわかっていても、共感できない自分があることをさらけ出す必要がある、③先輩が若い人を導くということではなく、それぞれがその課題を自分の問題として考えていく姿勢をもつこと、④相手を批判したり、優劣を競おうとしないこと。他人の意見が間違っていると感じた場合でも、それをよい方向に向けて建設的に生かす方向を大事にするという4つのポイントを指摘している。これらの共通認識を柱に、カンファレンスを通して、問題解決の方法を探っていくが、単なる報告会にならないために具体的な進め方を提示したい。

保育カンファレンスの進め方

（1）保育カンファレンス（初級編：テーマを決める）

　今行っている保育反省や職員会議での話し合いのテーマを決めてそのまま活用する。例えば、4歳児クラスの担任が保育反省の中で、子どもたちは「できる・できない」「よい・悪い」で判断してしまい、障害のある子を赤ちゃん扱いしていると問題提起をしたとする。そこで、「多様な価値観を認め合える集

団づくりのために何ができるのか」というテーマを決めることで、それに沿った意見が出やすくなり、建設的な話し合いが可能となる。

（2）保育カンファレンス（中級編：批判に慣れる）

自分の保育観と違っていたり、疑問に思ったりしても、相手にそれを伝えることは勇気がいるだろう。もしかしたら、人間関係が悪くなってしまうのではないかと考えてしまうかもしれない。

しかし、本音で語り合わなければ、深い議論をすることはできない。本音で語り合うために、「批判に慣れよう」ということや相手に対して意見を言うことを「善」とする共通認識を持てるようにする。カンファ

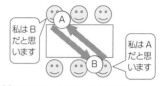

✖ 相手に自分の意見をぶつけるのではない

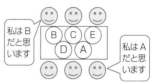

⭕ 意見を場に並べていくイメージ

⭕ 場に並べられた意見から選ぶ

図1　議論のイメージ（筆者作成）

レンスの場では出された意見は相手に向けて投げるのではなく、場に置いて並べていき、その中から選び取るというイメージ等を共通認識のもとに進めていくことが重要であり（図1）、決してその保育者自身を否定したり、批判したりするものではないのである。

（3）保育カンファレンス（上級編：形式に沿って進める）

本格的に進めていく場合には巻末の参考図書を活用し、チェック表や司会・記録係を立て、進めていくことでカンファレンスの効果を十分に発揮できるだろう。

第6部

56 障害理解教育

概説

　インクルーシブ保育において、障害のある子がクラス内にいるだけで、障害理解が進むという考えから、障害のある子への誤った認識や不適切な関わり方につながる可能性も考えられるため、保育者の援助が不可欠といえる。

　幼児期からの障害理解の必要性として、水野によると幼児期は、自分との違いに気づく時期であり、「自分と違う特徴のある者に関心を示したり、疑問を感じたり、違和感を持つようになる時期である」とし、この時期に「障害者の存在を直接的あるいは間接的に知り、また障害者を見慣れることによって、幼児は障害に関する新奇性を低め、成長した後にも障害者を避ける行動を軽減することができる」と述べている。また、「障害理解とはさまざまな特徴のある人がそれぞれの持ち味を生かして生活できる共生社会を目指すものであり、一人ひとりが人間を評価するものさしを多様化させることが求められている」「自分とは違う特徴のあるさまざまな人の存在を知り、多様な価値観を育む基盤を作っていくことが重要となる」「障害に関する疑問を解消する中で違和感や不安を解消していくことも幼児期には重要である」と指摘している。それらを踏まえて、幼児期に必要な障害理解指導の内容として①世の中には自分とは違う特徴のあるさまざまな人が存在することを知る、②自分とは違う特徴のある人について視覚的に慣れる、③障害種別に障害の特性・状態を知る。その差異に自分との差異を認識できるようにする、④障害者は工夫することによって自分たちと同じように生活していることを知る、⑤具体的場面において障害者が困

ること、できないことを知り、必要な配慮事項、マナーについて知る、⑥障害の原因について知る（子どもがわかるように説明する）、⑦障害は治らないことを知る。また、障害が治らないことは障害者の日頃の行いとは関係がないことを認識させる、という7つを挙げている。

事例

　脳性まひがあり、脚に装具をつけている男児Aは、歩行は可能だがバランスを十分に取ることができず転倒してしまうことがあり、保育者が援助にあたることが多い。他児からは「いつもA君ばっかり手伝ってもらってずるい」という批判的な声が聞こえてきた。

支援法

　他児がこのように思うことは不思議ではないだろう。このような場合、まずはA君自身が頑張っていないから手伝ってもらっているわけではなく、障害により、バランスを崩して怪我をしてしまう恐れがあるため、保育者の援助を必要とすることを伝える。また、装具についても、「脚が痛くならないように歩くために履いているんだよ」と、なぜそれを付ける必要があるのかを伝える。さらに、どのようなタイミングで補助をするのかを伝えたり、補助が必要かどうかを本児に聞いたりという関わり方も同時に伝えていく必要があるだろう。何でも手伝えばよいという考えや、自分たちよりできることが少ない赤ちゃん扱いにならないように注意したい。

第6部

コラム⑥：言葉がけ

　幼児期の子どもに対する保育者の言葉がけは、子どものやる気を引き出すという、とても重要な役割がある。つまり、言葉がけは子どもの主体性を育てているのである。

　保育者の言葉がけには、4つの段階が仮定できる。

　1つ目は、「受け止める」段階である。これは、子どもの素直な思いに同意し、あるがままに受け止めることである。子どもの言葉を繰り返したり、反復語が使われる（「おもしろいね」「すてきね」「いやだね」など）。

　2つ目は、「共感する」段階である。これは、子どもの思いを保育者が理解し、認めることである。ほめたり、子どもの言葉を代弁したりして、保育者が子どもに寄り添う姿勢を見せることであり、受け止める段階と同様に、子どもとの信頼関係を築く上でとても重要なこととなる（「じょうずね」「○○したかったのよね」など）。

　3つ目は、「保育者の思いの伝達」の段階である。これは、受け止める段階や共感する段階を基盤として、その上で保育者としての考えを子どもに知らせ、強制するのではなく、ともに考える場を提供するということである。誘いかけたり、問いかけたり、励ましたり、さまざまな対応が求められる（「○○してみたら？」「どうかな？」「一緒に○○しない」など）。

　4つ目は、「受容する、導く」段階である。子どもの思いを受け入れる、受容する言葉がけ、そして保育者の思いに重きを置く、導くような言葉がけの両者が、子どもの主体性につながる2つの道なのである（「そうしよう」「○○しよう」）。

　これら4つの段階の中では、特に障害のある子どもにとって重要になるのが、共感する段階であると筆者は考える。障害のある子どもは、学習に対する動機づけや自発的な学習活動が見られない場合があると指摘されている。その原因の一つとして、失敗経験の多さという、環境的な要因が考えられる。つまり障害のある子どもが、幼児期に「できた！」という経験を積んでおくことが、幼児期以降の主体性の発達に大きく関係するのである。

（丸山亜梨沙）

第 **7** 部

保育の内容

57 障害児保育の目標

　保育の目標は、子ども自らが育とうとする可能性を信じ、望ましい未来をつくり出す力の基礎を培うことである。障害児保育の目標も保育の目標と同じであり、幼稚園教育要領や保育所保育指針に示された教育の基本や保育の原理に沿って行われている。

　障害のある子どもを丁寧に見ていくと、障害のない子どもに対しても同じ見方や関わりが必要ということに気づき、まさに障害児保育は保育の原点といえる。

　一人ひとりの障害はさまざまであり、診断名が同じであっても、それぞれ障害の状態は異なっているため、丁寧に見ていく必要がある。保育の中で障害のある子どもを丁寧に見るとは、まず障害のある子ども一人ひとりの発達過程や障害の状態を把握することである。例えば、食事、排泄、衣服の着脱、睡眠、清潔などの基本的生活習慣の確立や言葉、集団生活の中での社会性など多角的な視点でよく観察し、把握することである。

　そして、その子どもの今できることと、少し援助があればできることの発達課題を見極めることが大切である。発達課題を明確にすることができれば、具体的援助を考えることができる。

　家庭との連携においては、保護者と信頼関係を築きながら、子どもの姿、発達課題を共有し、どのように保育をするのか相互理解を図ることが大切である。関係機関との連携を図り、助言を得ることも大切であるが、保護者から療育機関など情報を得ながら支援に生かしていく方法もある。

問題

　障害のある子どもの情報を得て、発達課題を見極めていくために、保護者とどのように連携を図っていけばよいだろうか。

具体策

　まずは、保護者の持っている情報を収集し、障害のある子どものアセスメントをより明確にできるようにする。そのためには、早い段階で計画的に面接日を設け、保護者との信頼関係の基盤をつくるための時間を確保することが大切である。面接では、①家族の情報、②生育歴、③問題行動の発生と経過を中心に情報収集を行うようにする。

　障害のある子どもを取り巻く環境で最も影響を受けているのは家族関係である。両親やきょうだい、祖父・祖母なども含め、家族の性格や障害のある子ども本人との関係などを具体的に知ることは重要である。

　生育歴では、出産してからの様子や、その後の心身の発達の様子も必要である。園に提出されている入所までの生活状況や、健康の記録などの書類に目を通しておくことが大切である。歩行の時期や、言葉の出始め、人見知り、後追い、排泄状況などの様子や、遊びの内容や人との関わりが重要な情報となる。

　問題行動の発生と経過では、いつ頃からどのようなことが気になるようになったのか、その変化について把握する。療育機関にかかっていれば病育歴まで情報を聞き取るようにする。

　保護者との信頼関係の形成が一番重要である。保護者が「この先生に自分のどんな弱いところを見せても、そのことで笑われたり、拒否されることはないだろう」という感じを持ってもらえることが望ましい。保育者の基本姿勢として、共感や受容、保護者に対する謙虚な態度を持ち続けることが求められる。

第7部

58 統合保育と分離保育

分離保育

　分離保育とは、障害のある子どものみを対象として行われる保育の形態である。分離保育が行われる場としては、特別支援学校幼稚部（盲学校、聾学校、養護学校）や障害のある子どもの施設（児童発達支援センター、肢体不自由児施設、盲ろうあ児施設等）がある。

　分離保育のメリットは、障害のある子どもの発達の特性に応じた保育や訓練を実施できるところである。障害児保育を実施している学校や施設では、専門の職員や障害のある子どもの保育や訓練を行うための施設・設備・教材などが用意されており、子ども一人ひとりの障害に応じた支援プログラムを実施することができる。特に障害の重い子どもにとってはその意義が大きい。

　一方で、分離保育では障害のある子どもと職員との親密な関係が可能であるが、子ども同士の関係は希薄になりやすいため、集団のダイナミクスの中で育つといわれている言葉、基本的生活習慣、社会性の獲得においてはデメリットになることも考えられる。

統合保育

　統合保育とは、一般の保育所や幼稚園で行われ、障害のない子どもの集団の中で、障害のある子どもも一緒に行う保育のことである。統合保育のメリットは、社会的相互作用をはじめとする発達・成長の促進である。また、統合保育は、障害のある子どもの発達を促すだけでなく、障害のない子どもにとっても良い影響を与えることがわかっている。

　しかし、単に障害児を入園させているだけでは障害のある子どもを含めたすべての子どもの発達を保障する保育は容易ではない。障害のある子ども一人ひとりについて作成される個別指導計画を活用し、障害のある子どもの発達の姿を把握し、個に応じた支援を工夫しながら、集団の中で子ども同士が育ちあえるような配慮が必要となる。

事例

　4歳児のA君は、言葉の遅れがあり「ちょうちょ、いた！」など単語や2語文程度で保育者に伝える。問題行動では、嫌なことがあると唸り声をあげ威嚇する。統合保育の中で周囲の子どもたちは、A君の威嚇が出ると察して対応している。どのように支援していけばよいだろうか。

支援法

　A君は言葉でコミュニケーションする力が弱い。晴天で戸外が暖かければ、「お天気よくて、あったかいね」、給食をおいしそうに食べていれば「給食、おいしいね」など、話し言葉を使いながら、A君との言葉のやりとりを楽しむようにする。

　問題行動である威嚇行動には、嫌なことがあるときには、自分の気持ちを威嚇で表すのではなく、「嫌だ」「やめて」と言葉で伝えることを知らせることが大切である。まずは、嫌なことがあっても威嚇が出ないときに、「我慢できたね！」とほめることが大切である。それに加えて、「我慢できたね！　今度は、やめてって言おうね！」と望ましい言葉も一緒に伝えていくようにする。

　健常児がA君の姿から察して行動することも、関わりの中での学びである。

第7部

59 個と集団

保育方法の視点

　障害のある子どもの保育においては、一人ひとりの発達・障害の状態が異なっているため、発達課題に応じたきめ細かい援助が求められている。保育を展開する基本的な視点として、「個と集団」という考え方がある。障害のある子どもに効果的な保育を進める上で、個別と集団の援助を組み合わせながら発達を促していくことが大切である。

個別の援助

　生活面では、食事、排泄、衣服の着脱など基本的生活習慣の確立に向けての援助には細やかな個別の援助が求められる。スモールステップで活動を細分化し「自分でできた」という満足感を味わえるようにし、自己肯定感を高めていけるようにしたい。

　遊びでは、好きな遊びなど障害のある子どもが興味・関心のある活動の中で今、必要な発達課題を捉え援助していく即興性が求められる。保育者との信頼関係を築いていくために、一対一の関わりも必要になってくる場合もある。

　また、日々の保育では、生活に見通しを持てるように援助していくことが大切である。日課の中で生活の流れを意識できるように導いていき、主体的に生活できるようにする。

集団の援助

　個別の関わりから集団活動に参加する前段階として、当番活動に参加したり、小グループの中で友だちと一緒に遊んだりし、人との関わりにつなげていくようにしたい。少しずつ集団の規

模を広げながら集団活動になじめるように配慮する。当番活動には、給食の配膳や水やりなどがあるが、友だちと協力しながら、人に役立つ喜びを育てることが重要である。

　設定保育などの個別配慮では、障害のある子どもは集中力が弱かったり、手先が不器用であったり、経験不足のことも多いため、理解力や発達に応じて取り組みを部分参加にしたり、障害のある子どもも集団活動を楽しめるように、保育者が援助しながら友だちとの関係を仲立ちしていくことが大切である。

事例

　A君は自閉症スペクトラムの4歳児であり、要求を言葉にすることが苦手である。親しみのある友だちと半年同じ席にしていたが、他の友だちにも関心が出てきたため、10月より5歳児との混合の席にした。おやつの時間、ヨーグルトのカップが指先の力が弱いため自分で開けられないA君は、いつも頼りにしていた保育者が近くにおらず、戸惑っていた。しかし、その様子を見ていたB君が「A君、どうしたの？」と聞き、それを受けてA君は「カップ、開けて」と言い出すことができた。B君は「このくらい？」と言いながらカップの蓋を5センチ程度めくって見せた。A君は「うん」と頷き、自分の手で残りの蓋を開けて食べ始めた。

支援法

　事例から、保育者がA君の支援の柱としてきた「要求を引き出す言葉かけ」を周囲の子どもたちが見て学習していることがわかる。このように、統合保育の中で個別支援をしていくことが、健常児との育ち合いにもつながっていくのである。10月は半年を過ぎた頃であり、日々の個別の丁寧な関わりの積み重ねが、クラス集団の育ちとつながっていくのである。

第7部

60 クラス・集団づくり

　よいクラス・集団とは、障害のある子どもも他の子どもたちも一人ひとり違いを受け入れながら、みんな仲間なんだと思える集団のことである。

保育者の関わりを他の子どもも見てまねる

　障害のある子どもは、その場にそぐわない行動から注意されることが多くなり、周りで聞いている他の子どもに負のイメージを持たれやすい。保育者は、みんなの前でしかったりするのではなく、その子どもが理解できるようにそばで知らせたり、名前を呼んでさりげなく気づかせることもできる。ほんの些細なことでも、よい行動はみんなの前でほめるようにするなど配慮していくことが大切である。

　子どもたちは、保育者の関わり方をよく見ている。そして、障害のある子どもにも保育者と同じように関わる。保育者が一人ひとりの子どもの思いを受けとめ、共感的に関わっていくことで、必ず子ども同士の関係づくりにつながっていく。

他の子どもとの関わりを仲立ちし、相互理解を促す

　しかし、実際の子ども同士のやりとりの場面では、障害の特性上その行動が受け入れがたく、相手の子どもとトラブルになりやすい。そこで、保育者が仲立ちし、相手の子どもの気持ちにも配慮した上で「A君は○○することが苦手でね、じっとしていられないことがあるんだよ」など障害のある子どもの苦手な面を知らせ、周りの子どもへの理解を促し、上手に関わってもらう配慮が大切である。

　自由遊びのみでは、保育者との関係ばかり多くなったり、友だちとの関わりが広がらないため、意図的に集団活動の時間や場を設けて、友だちとの関わりをつくり出すことも大切である。

　その際、保育者には障害のある子どもが集団の中で楽しさを味わえるように配慮しながら、友だちとの関わりを橋渡ししていく役割もある。

　5歳児になると、保育者が認めたり励ましていくことで、自分の気持ちに折り合いをつけられるようになり、仲間関係が育ってくる。障害のある子どもも友だちに支えられ、集団の中で自己発揮できるよう、ともに成長できる集団づくりを目指したい。

事例

　担任保育者が休んだある日、代わりの保育者が入ると、知的障害のあるA君について、他の子どもたちが担任保育者に代わっていろいろなことを伝えてきた。例えば、給食の配膳をしていると、「先生、A君先に給食を配っちゃうと我慢できないから、触っちゃうよ。だから後から配るんだよ！」。水筒のお茶を飲む場面では、「A君、途中で止めないとお茶全部飲んじゃうよ」「そろそろトイレ行かないとまずいんじゃない？」「絵本を見るときはね、体がぐにゃぐにゃだから（年長の）B君の膝に入って見るんだよ」とやってみせる。驚いた保育者は子どもたちの様子を担任保育者に伝えた。

支援法

　この事例から読み取れることは、担任保育者がいかに日頃からA君と他の子どもたちとの関係をつなげてきたかである。A君の問題行動を負の要因として捉えず、苦手な部分を集団の力で補っていく働きかけである。まさに障害のある子どもを核とした集団づくりといえよう。

第7部

61 個を生かす実践

　よりよい実践を行い、子どもに還元していくためには、的確な子どもの実態把握が必要である。そして、その子どもの実態に即した具体的な指導目標と援助が実践の要となる。さらに、実践を評価し、次の実践に生かすサイクルが大切である。

　子どもの実態把握の方法では、まず前の状態がどういうものかを知る。そして、それに応じて今の姿に対応して働きかけることが大切である。これは、発達の連続性を踏まえるということである。生育歴など生まれてきたときの状態から幼稚園、保育所に入るまでどのように育ってきたのか、また、前年度のクラスまでの発達の姿、そして、昨日までの子どもの姿というように、過去の姿を今の子どもの姿とのつながりの中で捉える視点である。

　障害のある子どもや疑いのある子どもの個人的な特徴をつかむ方法として、発達検査や知能検査などの心理検査が用いられている。利点としては、認知、言語、社会性など発達のばらつきなど客観的な現状を理解することができる。

　しかし、検査の結果はその子どもの一部であり結果のみにとらわれてしまうのは危険である。保育者は、保育実践の中で実感する子どもの姿と関係づけながら、子どもの全体像を捉えていくことが求められる。また、子どものできる・できないといった能力だけで見るのではなく、子どもの内面、意欲・心情・達成感といった部分もあわせて見ていくことで、より深い子ども理解につながってくるのである。

　次に、個別の指導計画を作成し、生活の中でのさまざまな側面から子どもの姿について記入する。長期目標も設定するが、

短期目標に具体的な援助方法を記入し、誰が見ても援助できるように書くことが大切である。具体的な援助では、ヴィゴツキーの提唱した「発達の最近接領域」といった概念で考える。自分でできることと、少しの援助があるとできることの間にある差に着目し、子どものさまざまな側面における発達の最近接領域を、保育者が見極め、援助するところがどこにあるのかを具体的に記入していけるとよい。

さらに、実践の評価を行い、どこがよかったのか、足りない部分は何であるか、子どもの変化と照らし合わせながら、保育実践の改善につなげていくことが重要である。

事例

生活発表会は普段の生活と違って、保護者や来賓など外部に見られる機会となる。A君は舞台に立つと人に見られることで不安からパニックになって泣き出したり、その場に座り込んでしまう姿があった。そのような姿を踏まえ、どのように支援していけばよいのだろうか。

支援法

生活発表会は劇遊びなどクラスの仲間と同じ目標に向かってある一定の期間を使って創り上げていくものである。A君の支援として、A君が普段の遊びで好きだった「わらべ歌」を取り入れ、友だちと輪になって「かごめ」遊びのシーンを作った。友だちと手をつなぎ輪になって回ることで、普段の遊びのようにリラックスし、舞台に立って観客と対面になる時間を減らすようにした。次に「げんこつ山のたぬきさん」でじゃんけんのシーンを作った。障害のある子どもは音楽やリズム表現は好きな子どもが多い。A君の個を生かし、友だちと一緒に達成感も味わえた実践である。

第7部

62 自立

　一般的に、自立とは、誰にも頼らず、自分の力で生活できることと考えられる場合が多い。生活習慣、善悪の判断、精神的自立、経済的自立など、さまざまな側面からも考えられる。

　しかしながら、生まれてから誰の力も借りずに生きてきた人間はいない。自立していく過程には、親をはじめとする他者との関わり、援助に支えられ、自分のことを自ら進んでしようとする心の動きが生まれるのである。

　幼児期になると、排泄や衣服の着脱など基本的生活習慣の確立において自立が見られる。

　しかし、保育者は子どもが自立できるようにと考えるあまり、普段できる子どもが「できない」と甘えを表すと、「できるのにやらない」と捉え、子どもに自分でさせようとすることがある。子どもは、依存や甘えをやさしく受け止め、自らやろうとする気持ちにさせてくれる保育者の存在によって少しずつ自立に向かっていく。

　障害のある子どもにとって、自立に向けての支援は重要な課題である。障害のある子どもは、多くの支援を必要とする。

　しかし、保育者が、障害のある子どもを、できないから援助を受ける存在と受け止めていれば、いつまでも受け身のまま生活することになってしまう。大切なのは保育者の自立観であり、障害のある子どもが、自分の能力に応じて、主体的に自分の持てる力を発揮し、意欲や態度に働きかけていくことが求められる。

　自立的な生活を目指す支援としては、自分の力で働きかけていけるように環境を工夫することである。保育者の援助を受けなくても、まずは自分でできる環境をできるだけ整えていくこ

とで、障害のある子どもも主体的に環境に働きかけていけるからである。

　また、障害のある子どもの中には、身体的な能力や手先が不器用なことにより、生活の中でできないことを意識し劣等感を持ちやすい。そのため、好きなことや得意なことを生かし、その中で課題を見つけ、達成感を味わえるようにすることが、自己肯定感を高める働きかけとして大切である。

事例

　A君は、遊びでは「絵を描きたい」と思い、鉛筆を手に取るが、うまく握れず筆圧も弱く、周囲の友だちと比べて描こうとする意欲が低くなっていく。また、生活面では、うがいコップを巾着袋の中に始末するのに時間がかかっていた。そのため、給食の準備のとりかかりに一人だけ遅れてしまうことにA君自身が不安な気持になっていた。

支援法

　お絵かきの支援では、保育者が一緒に鉛筆を握って補助するよりも、鉛筆の代わりにクレヨンやマジックという教材にすることにより、自分で絵を描くことが可能となればA君自身が伸び伸びと表現できるようになる。

　生活面での支援では、巾着袋の紐が両手で絞るタイプであることが遅れる原因となっていた。巾着の紐を片手で絞ることができるタイプに作り直してもらうことで、A君は一人でスムーズに始末できるようになり、遅れることがなくなり安心感につながった。

　できないのなら、「どうしたらできるのか」という視点で支援の工夫を考えることが大切である。

第7部

63 日課

　日課とは、デイリープログラムとも言われ、毎日繰り返される子どもたちの一日の生活の流れを表にしたものである。日課は子どもたちの生活リズムを中心に作られていることから、生活に見通しを持ち、意欲的に活動するためにも大切である。

　しかし、行事や一斉活動などで日課が変則的になることはしばしばある。障害のある子どもの特性として、予定の変更には強い不安を示し、場合によってはパニックを起こすこともある。

　よって、個別的な配慮が必要となる。いつもと予定が変更される場合は、個別的に、声をかけ障害のある子どもが理解できるように工夫していくことが大切である。

　次に、日課を組み立てていく上でのポイントを挙げる。

　まず、午前中の主活動では、障害のある子どもも期待を持ち、意欲的に取り組める活動を考えていけるようにしたい。活動の内容によっては、例えば製作遊びや楽器遊びなどでは、個人的な能力の差が大きく出てしまうので活動の難しさがある。障害のある子どもが、その中でどのような活動であれば楽しむことができるのか、個別に考えておく必要がある。

　次に日課では、活動と活動の間をゆるやかにするとよい。活動の区切りがつかず、なかなか次の活動に移ることができない子どもの援助を考えるとき、それらを見込みながら時間を保障していくことで保育者にもゆとりが生まれる。小学校の時間割のように、時間が分割されていないのが幼児教育の特徴でもある。

　また、保育者は子どもが次の活動に移れるような援助として、今の活動に満足感を持たせていくことが大切である。保育者が、その子どもの行為を十分にほめたり、共感的に声をかけること

で今やっていることに満足感を味わえるようにする。

事例

　A君は、ブロックで乗り物を作ることに夢中である。保育者が「片づけの時間だよ！」と知らせても、おかまいなしに作り続ける。

　他の子どもたちが片づけ終わり席に座る頃になった。保育者はますます声を強め「A君、もう片づけの時間、みんな外遊びにいっちゃうよ！」と言うと「う…ん、まだ！」とA君も対抗する。保育者が「飾っておいて、続きにしよう」と言葉をかけるが「壊される」というA君。保育者は他の子どもを待たせているし、困ってしまう状況であった。

支援法

　まず、A君に活動の見通しが持てるように、「長い針が10になったら、片づけだよ」など、個別に知らせておく。そうすることで、自分なりに時間になったら、片づけなくてはならないということが記憶される。また、もう一度5分前くらいに片づけの時間を知らせにいくのであるが、保育者は一度、片づけることを頭の片隅に置き、目の前のA君が今やっている遊びに関心を向けることが大切である。「わーA君、赤いかっこいい車だね！」など具体的にほめるようにする。ほめられたことで、保育者に受け止められた実感が持てるからである。A君も満足そうな顔になったら、「時間になるから続きにして、外でA君の好きな遊びしようか！」「何する？」など次の遊びに期待が持てるように言葉をかけることで、切りかえられるようにする。A君の「壊されたら嫌だ」の主張が出た場合は、専用の箱に入れてあげることで安心できるようにする。

64 安心づくり

　保育では、子どもが安心して生活できることが何より大切である。なぜなら安心することで、初めて環境に意欲的に関わることができるからである。

　まず、保育者は関係を構築し、子どもの心の拠りどころとなることが大切である。子どもが落ち着かなかったり、友だちを叩いたりすることも不安の表れであることが多い。保育者は、その行為が社会的に好ましくない行為であっても、「どうしてそんなことしたの」と直接的に注意するのではなく、ありのままの子どもの姿を一度受け止め、「なぜその行為に至ったのか」そのときの子どもの気持ちに共感した上で対応を考えていくことが求められる。このような保育者の姿勢から、子どもは「先生は気持ちをわかってくれる」、「先生が見てくれている」という安心感を持つことができるのである。

　次に、障害のある子どもはどのようなことに不安になるのだろうか。環境面から必要な配慮を考えてみる。

　障害のある子どもは環境の変化に敏感である。わからないことへの不安が大きい。よって、自分の持ち物の場所など一対一対応で、その子どもの好きなマークや写真を貼るなどして視覚的にわかりやすくするとよい。また、保育者に声をかけられなくても、自分でわかり行動できることが大切である。

　次に、見通しが持てるようにすることが大切である。日課が行事などにより変更されるときは、不安になりやすいため、あらかじめ個別に流れを知らせたり、ここでも写真や絵カードなどを見せ、視覚的にわかりやすく伝えるようにする。また、一つの活動においても「時計の針が6になったら片付けます」や、

話をするときに「大切なお話を３つします」など、全体のイメージを持てるような話し方をしていくことで、話はいつ終わるのかと考えそわそわすることなく、安心して聞くことができるのである。

　そして、苦手なことへの配慮も必要である。大きな音や特定の音が苦手であったり、泥や糊などを触ると泣き出してしまう過敏症の子どももいる。障害のある子どもの特性の中で、何が苦手であるかよく観察しなければならない。行動に表れる心の不安を理解し、配慮していくことが大切である。

事例

　自閉症スペクトラムのＡ君は６歳、鬼ごっこにも意欲的に参加してきた。しかし、友だちにタッチされると、泣いて「もうやめる、○○くん嫌い！」と怒りながら遊びをやめてしまった。保育者に促され、もう一度参加したが、タッチされるとまたパニックの繰り返しであった。

支援法

　Ａ君は「タッチされる＝負け」と捉え、勝つことにこだわりのある子どもと見ることができる。自分は勝ち続けるイメージしか持っていないところで、タッチされることでパニックになる状況である。保育者は、鬼ごっこが始まる前に、Ａ君に「鬼ごっこでタッチされると鬼になることもあるからね」と知らせ、予測させておくとよい。ゲームの度に根気よく知らせたり、一緒に確認することが大切である。泣かなかったときに「鬼になっても泣かなかったね、すごいね！」「鬼はタッチできて楽しいよ」と言葉をかけることで、最初の遊びのイメージを少しずつ変えることができる。

第7部

65 居場所づくり

　子どもが安心して生活していくために最初に大切にしなければならないことは、クラスが居場所になっているかどうかである。居場所の考え方として、大きく2つに分けることができる。

　1つ目は、自分の大切な物をしまう物理的な場所が確保されているかである。靴箱やロッカーなど自分の大切な物を始末する場所があることは、子どもの気持ちを落ち着かせる。また、その場その場に応じて、保育者の工夫によって、障害のある子どもの安心を作り出すことが重要となる。例えば、絵本コーナーで集団で絵本を見るとき、特に障害のある子どもは、あとから遅れて行ったら、自分の座る場所があるかどうか不安になったりする。しかし、絵本を見る場所もあらかじめ決まっていたら、後で行っても自分の座る場所があることに安心するだろう。また、お昼寝の時間、布団を敷く場所が決まっていないと、どこに自分の布団が敷いてあるのか探しながら不安になる。しかし、毎回、布団を敷く場所が決まっているだけで、自分の場所がわかり、同じ場所で休息することで安心感につながる。こうした、その時々で必要になる場に安心感を持てるかどうかは、保育者の配慮に委ねられる部分が大きいといえる。

　そして、2つ目は関係性の中に居場所があるかである。保育者との関係、子ども同士の関係の中で安心して過ごすことができ、自分のクラスに所属感を持つことができることが大切である。

　保育者が障害のある子どもと関わるとき、発達的な遅れなどその子どものできないこと、苦手な部分ばかり見ていると注意が多くなり、子どもも不安になる。

　しかし、保育者が子どもの得意なこと、好きなことを見てい

ると、「○○くん、車好きなの！　先生は○○に乗っているのよ！」と、その子どもの楽しい気持ちに共感しながら、その子どもの行為を肯定的に受け止めることができる。それによって、子どもは、自己肯定感を高めることができ、自分のしていることには価値があるという思いを持つことができるのである。

　こうした保育者の共感的な関わりの中で、子どもは安心し、保育者を心の拠りどころにしながら、友だちとの関わりに関心を持つようになる。この関わりを作っていくためには、保育者が友だち同士の関係を仲立ちしたり、橋渡しする役割がある。

事例

　戸外遊びの片づけが終わると、幼児組で日課の体操を行うために、クラスごとに列で並ぶ。Ａ君は体操をクラスの列から離れたところで踊る。保育者がＡ君をクラスの列に促しても後ずさりし、10メートルほど離れた太鼓橋の下でモデルとなる保育者の動きを見ながら体操をする。クラスの列に並んでほしい保育者の思いに葛藤が生じる。

支援法

　Ａ君にとって狭いクラスの列に並ぶことは不安を伴うものなのだろう。幼児組を見渡せる離れた場所（太鼓橋の下）がＡ君にとっての安心できる居場所になっている。現在は、場所は離れていても、体操を楽しむＡ君を認めていくことが大切である。保育者もＡ君の隣に並んで体操することで、Ａ君との共感関係が強まる。3ヵ月後、Ａ君は自分から並んだ。「Ａ君、並んで体操できたね」「Ａ君、あお組さんだね」とほめるようにした。クラスへの所属感を感じられるように、意識的に言葉をかけていくことが大切である。

第7部

66 基本的生活習慣の確立

　基本的生活習慣とは、日常生活の中で繰り返される基本的な行為で、一般的には、食事、排泄、睡眠、着脱、清潔の5項目が挙げられる。基本的生活習慣を獲得していくことにより、子どもの生活が広がり、情緒の安定にもつながるといわれている。また、「自分でやってみる」という意欲を高め、成功体験を積み重ねるうちに自己肯定感を高め、自信を持つことができるのである。

　基本的生活習慣の確立に向けた目標を設定するためには、子どもの実態把握が重要である。その際、子どもの生活の様子を丁寧に観察する中で、子ども自身が自分の力でどの程度できるかを把握する必要がある。具体的には、「自分でできる」という現在の状態と「少しの援助があればできる」という境目を捉えることである。これを「発達の連続性を踏まえた保育」という。その境目が明確になることによって、目標設定ができ、スモールステップの援助を組み立てていくことができるのである。

　園生活における子どもの姿と家庭生活における子どもの姿は、必ずしも同じではなく、援助方法も異なるものである。保育者は、家庭と連携を図り、協調しながら、さらに深く支援方法を探っていくようにしたい。実際には、保護者から、家庭での子どもの姿や子どもへの関わりなどの情報を聞き、園の子どもの姿と重ねながら子どもの全体像を捉えることである。家庭と援助方法を共有することで一貫したきめ細かな援助が可能となるのである。

　援助のポイントとして大切なことは、課題が明確になったら、子どもが一つ達成するごとに、どんな些細に見えることでも、「で

きたね！」とほめることが大切である。一つずつほめられることで、達成感を味わうことが自信をつける第一歩となるからである。

そして、子どもが生活の流れを意識し、その流れに応じた基本的な生活習慣の確立を目指していくことである。例えば、「食事をするから手を洗おうね」と言葉をかけ、理解し行動できるように、見通しを持たせていくことである。

障害の程度によっては、基本的生活習慣を獲得していくのに長い時間がかかることもある。よって、保育者は焦らずに意欲を支え、励ましながら根気よく援助する姿勢が大切である。

事例

A君は、着脱ではズボンを脱ぐことはできるが、長そでシャツ等、上着は自分で脱ぐことができなかった。また、脱いだシャツを自分で着るのに服の前後に無頓着である。保育者が前後を気にできるように声をかけてもあまり理解できていない。

支援法

自分でできるズボンや靴下を脱ぐことから始め、できたらほめるようにする。長そでシャツを脱ぐことは、指先で服をつまみ、引っ張る力や手を抜くなど自分の体をどのように動かしたら服を脱ぐことができるかという難しい課題である。よって、脱ぐことは保育者が支援し、それよりも課題のやさしい服の前後に注意して自分で服を着ることをまずは支援目標にするとよい。

服の前後は言葉をかけるだけでは、なかなか自分で理解できない。支援法として、服の後ろ側の下中心にボタンを縫ったり、ワンポイントの目印を付けると視覚的にわかりやすい。常に、目印のある方（後ろ）を上向きに置き、目印の両側を手で持ち、頭からかぶり、自分で着られるようにするとよい。

第7部

67 体を動かす

楽しく体を動かす意義

　子どもが体を動かして十分に遊ぶためには、保育所や幼稚園で環境を保障していく必要がある。保育所保育指針や幼稚園教育要領に示されている「健康」とは、健康な心と体を育てることであり、ねらいの一つに、「自分の体を十分に動かし、進んで運動しようとする」と書かれている。また、文部科学省も「様々な遊びを中心に楽しく体を動かすこと」を幼児期の運動指針として示している。体を動かすといっても、スポーツや運動競技のようにある特定の運動を訓練的に行うことではなく、遊びを通して、楽しく体を動かすことが大切である。なぜなら、楽しく体を動かすことで、心が解放され意欲となり、心と体を育てることにつながるからである。

障害のある子どもの体の弱さを捉える

　障害のある子どもの中には、走ったり、跳んだりする動きそのものができなかったり、体のバランスが保てなかったり、体をスムーズに動かすことに苦手さを持っていることが多い。
　エアーズの提唱した感覚統合の視点から見てみると「前庭覚」と「固有感覚」という2つの感覚の弱さであることがわかる。
　前庭覚とは、平衡感覚（バランス感覚）とも言われ、頭の傾きや、重力や運動の速度の変化に関する情報を伝える働きがある。この前庭覚が発達していないと、片足で立てない、うまく走れないことの他に、遊具ではブランコの揺れや滑り台を滑るときに怖さを感じる。
　一方、固有感覚は、手足の位置や運動、物の重量感などの情

報を伝え、体の動きをスムーズにするなど力の入れ具合を調節する働きがある。この固有感覚が発達していないと、ジャングルジムや太鼓橋を登るのを怖がったり、トランポリンがうまく跳べなかったり、泥団子が作れなかったりする。

事例

A君は、音楽に合わせて体操したり、体を動かすことに意欲的である。しかし、太鼓橋を2、3段登ったところで「怖い」と言ったり、ブランコに乗ってはみたが、揺らすとすぐに降りたがり、トランポリンもバランスを崩してしまう。

支援法

A君の姿から考えて、何の感覚が弱いのだろうか?

太鼓橋の姿から、固有感覚に弱さがある。また、細い棒に足を乗せて力を入れるには、触覚も使う。支援では、足首を持ち、靴底を手で支え、不安定さを少なくするとともに、足先にしっかりと力が入るようにする。ブランコの揺れに対する恐怖は、バランス感覚がとれず固有感覚に弱さがある。支援では、恐怖心から手を離さないように、ブランコの後ろにつき、子どもの手首の上から手を添え、恐怖感を感じない小さな揺れで楽しめるようにする。

トランポリンでは、自分の体の重力を捉えることができず、力の入れ具合がわからない。支援では、保育者が両手を持って体の傾きを支え、膝を曲げて跳ぶところをモデルとなって見せながら、「膝曲げて、ピョン」など短い言葉を添える。遊具を組み合わせサーキットを設定し、興味がない場合は、個別に誘いかけて体を動かす機会を作る。

以上、粗大運動を取り入れることに有効さが考えられる。

第7部

68 人との関わり

　障害のある子どものうち、はじめは人に興味がない子どもも、物との関わりから信頼できる保育者へ、そして他の子どもの行動へと、発達段階が来ると関心を持つようになる。ここでは、友だちに関心を持ちはじめた頃について考えてみる。

対人関係における実態把握

　まずは、障害のある子どもが、友だちの存在をどのように捉え、関わろうとしているのか実態把握することが大切である。

(1) 友だちの行動を見ているが、自分から関わろうとはしない

　これは、「友だちに関心を持ち始めた時期」である。友だちの姿を見ることは友だちに対する関心の表れであり、関わりづくりを考える時期にきたといえる。無理に関わりを作ろうとせず、保育者も隣に座り、友だちの姿を見てやりとりを楽しむようにする。

(2) 友だちの名前や行動を保育者に伝える

　これは、「友だちと関わりたい気持ちの表れ」である。また、最初は特定の友だちであることが多く、保育者に「Aちゃん、給食食べた」など、友だちの行動を伝えることがある。この段階では、特定の友だちに対して親しみを持っており、保育者を仲立ちとして友だちとの遊びを楽しめるようにする。ままごとは、平行遊びをしながら、友だちとの関わりも作りやすい。障害のある子どもの好きな遊びの中から、きっかけを作っていく。特定の友だちとの関わりを十分に楽しむことが大切である。

(3) 友だちの気持ちに気づかず、遊びに強引に誘う

　これは、「友だちと関わりたい意欲の表れ」である。障害の

ある子どもは、障害の特性により、相手の気持ちを理解することが困難であることや、対人関係の発達段階が実年齢よりも低く、自己中心性から抜け出せない状態も考えられる。保育者は、障害のある子どもに言葉をかけるとき、「引っ張っちゃだめ」と好ましくない行為に目がいきがちであるが、障害のある子どもは自分を否定されたように受け止めてしまう。言い換えるなら、「一緒に遊ぼうって言うんだよ」と肯定的な言葉に変えていくとよい。4〜5歳くらいの年齢になると、友だちも容赦なく言い返したりすることでトラブルも多くなる。保育者は障害のある子どもを注意しがちになるが、友だちも否定的な目で障害のある子どもを見てしまう恐れがある。一人ひとりの子どものよい姿をほめていくことで、クラス集団として落ち着いた雰囲気を作っていくことができる。トラブルを子ども同士の育ち合いの場と捉え、障害のある子どもが人との関わりを通して成長していけるように向き合っていくことが大切である。

事例

自閉症スペクトラムのBさん。友だちに関心はあるが、話しかけたり、一緒に遊んだり、手をつなぐことができない。

支援法

直接的な関わりは、まだ対人関係に不安があるため、無理に促すことは禁物である。そこで、物を介することで友だちとの関わりを促すことができることに注目する。例えば、給食の食器を友だちと持ち運びすることで、友だちと一緒に片づけをすることができる場合がある。友だちと協力して片づけができたことをほめることで、役に立った満足感も得ることができる。

69 身近な環境との関わり

　領域「環境」とは、身近な環境との関わりに関することである。障害のある子どもが身近な環境に関わる上で大切にしたいことは、①一人ひとりの障害の特性に応じて、その子どもの経験も考慮しながら、身近な環境との関わりを作り出せるように環境設定する、②子どもの感じていることを捉え、共感できる保育者の感性である。この両面に働きかけながら、子どもの好奇心や探求心をより豊かなものへ育て、やがて、生活に取り入れる活動へと展開できるようにしていきたいものである。

　まずは、保育所保育指針の「環境」のねらいの一つ「身近な環境に親しみ、自然と触れ合う中でさまざまな事象に興味や関心を持つ」について、保育の一場面「散歩」を通して考えてみよう。

　自然環境は、驚きや不思議さを発見できる機会が多くある。障害のある子どもも、道端のタンポポを見つけて「おはな！」と言い、モンシロチョウが畑を飛んでいるのを見て「ちょうちょ！」といった具合に、四季折々の変化もあり、思いがけない生き物との出会いに心を揺さぶられている姿をみる。

　また、障害のある子どもにとって、いつも決まったコースを散歩することは、安心感にもつながり、（そこに行けば○○がいる）というように決まった生き物との出会いや遊びを期待しながら歩くこともできる。安心感を持たせながら、環境に能動的に関わることができるように環境設定を考えたいものである。

　子どもは心を動かされる対象に出会ったとき、保育者に「見て！」と言葉で伝えてくる。そして、保育者はその感動を受け止め、共感的に言葉を返すようにする。

　しかし、障害のある子どもは、言葉などの発達の遅れから、身体を通して感動を表現していることがある。よって、保育者は、言葉に頼らない子どもの心情を深く読み取ろうとする感性が必要である。環境との関わりの中から表れる子どもの姿に（A君は、こんなところに美しさを感じているな、B君はこの遊びに面白さを感じているな）と読み取り、子どもが感じていることを喜び、共感し、感動を共有することが大切である。そのように受け止められた子どもは、自分が感じている世界をよいものとして捉え、身近な環境との関わりを広げていくのである。

事例

　A君は高いところが好きで、机や棚の上に登ろうとしたり、戸外では滑り台やジャングルジムの一番高いところに登る。保育者が「危ないよ」と注意し、降ろしたりすると余計にまた登る。

支援法

　保育者が、高いところに登ることを「危険な行為」、つまりすべて負の行為として見てしまうと、高いところに登る楽しさには気付けない。高いところが好きな子どもは、身体の空間認識や高低差などによる感覚を楽しんでいるとも言える。保育者は、高いところから降ろすことに終始せず、そこから、また跳び箱の上からジャンプなど、積極的に高いところからの刺激を楽しめる環境を設定し、楽しさを共有していくことで、子どもとの関係を深めたいものである。

第7部

70 行事

　行事には、入園式、卒園式、誕生日会、遠足、運動会、生活発表会など、子どもの成長を確認したり、保護者と一緒に喜んだりするものがある。その他にも、節分、七夕などの伝承的行事や、母の日などの社会的行事、クリスマス会などの宗教的行事があり、いろいろな形式の行事がある。

　特に運動会や生活発表会は、一つの目的に向かって一定期間かけて取り組んでいく園行事である。行事の意義では、友だちとの育ち合いやクラス集団の高まりなど達成感も大きい。その一方で、障害のある子どもの参加の仕方を考えながら、クラス集団として一緒に行事を進めていく過程で、指導の難しさも大きい。そこで、運動会や生活発表会の行事に焦点を当てて行事の進め方のポイントを述べる。

障害のある子どもの行事への不安

　行事前の活動で落ち着かなくなる子どもがいる。行事は非日常的な活動で、普段の生活から見通しを持ちにくい不安がある。また、保護者や地域の方に公開する特徴から人に見られることや、遊戯室や、音が鳴り響く園庭などいつも過ごす環境と違う場への不安もある。また、集団活動が多くなるため「みんなと一緒に」が強くなるほど、集団活動が苦手な子どもにとっては、その場にいられず集団参加を拒否する姿も見られる。

障害のある子どものペースを認め、緩やかに参加につなげる

　前項で述べたように、まずは障害のある子どもの特性や発達を理解し、受容することが大切である。その上で、①クラス集

団としての行事のねらい、②障害のある子どもの行事のねらい、の2つのねらいを明確にすることである。障害のある子どもの姿を日々把握しながら、保育者間で連携し、変化に応じてねらいを更新していくようにする。

事例

　集団で協力して競い合う「リレー」について、障害のある子どもの参加をどのように考えたらよいか。

支援法

　勝つためにはどうしたらよいか仲間と話し合い、バトンパスなどの技を教え合うなどして練習し、勝った喜びを友だちと共有し、達成感を味わうことが集団のねらいである。障害のある子どもは、人に自分の走るところを見られる不安からバトンをもらっても立ち尽くしたままの姿がある。そこで、障害のある子どもに、リレーに対してどこまでねらっていくのか保育者間でよく話し合うことが大切である。

　支援として保育者が手をつなぐと歩く姿に変化した場合、「保育者と一緒にコースを歩く楽しさを味わう」とねらいを設定する。取り組みの中で姿が変化していけば、「保育者と一緒に（歩く）→走る、バトンを渡す喜びを味わう」など、スモールステップでねらいを再び設定し、友だちとの関わりにつなげていけばよい。

　障害のある子どもが安心してその場に参加し、楽しさを味わうことができれば参加の仕方も広がっていくものである。クラス集団への配慮として、勝てないことを障害のある子どものせいにしないように、走るのが苦手な友だちの分までみんなで力を合わせて練習しようと励まし、仲間意識を高める。

　最初から人に見せることを前提にする行事ではなく、日々の生活の高まりとして行事を迎えられるように計画したい。

第7部

71 話し言葉を培う

　話し言葉とは、音声によって伝えられる言語で、口から発する言葉によるコミュニケーションのことである。話し言葉を培うことは、他者に自分の気持ちを伝えたり、意思の疎通を図ったりし、生活をより豊かにすることができる。

　話し言葉の獲得は、通常1歳〜1歳半頃から始まっていく。ところが、自閉症スペクトラムなど知的障害のある子どもの多くは、話し言葉が出ないことから障害に気づくことも多い。どのくらい人とコミュニケーションができるのかを把握することが、話し言葉の支援につながるのである。

言葉の出ない子どもへのコミュニケーション支援

　保育者は、非言語レベルで子どもの表情、行動の一つひとつに注意して観察し、共感的に見守る姿が大切である。そして、人に向けられた発声やクレーン現象（他人の手を使って自分のしたいことを代わりにしてもらおうとする行動）、指さしなど、どのようなコミュニケーションを獲得しているのかを把握する。その上で、「いないいないばあ」などの人とのやりとり遊びから提供し、人とのやりとりの楽しさに気づかせていくことが大切である。

人とのやりとりを通したコミュニケーション支援

　子どもにとって、意味のある関わりができる言葉が出始めた頃から、意図的に発話の機会を与えていくと子どものコミュニケーションへの意欲を高めていくことができる。言葉の遅れが指摘される子どもの言葉の出始めでは、物の名前が中心で、感

情や気持ちを表す言葉が少ない傾向がある。「りんご、あか！」など、その物の色や名前を直接覚えさせようとしないで、「りんご、おいしいね」や、動物に触れて「うさぎさん、ふわふわだね、あったかいね」など、話し手の感情を伝えていくことが大切である。

　さらに、子どもが興味を持っているものを中心に意味づけし、できるだけ保育者とのやりとりができるような遊びにつなげながら、興味を広げていけるようにする。例えば、積み木遊びでは、「黄色い積み木、ちょうだい」（手渡しする）、高く積んで「高いね！やったね！」（一緒に喜ぶ）、一緒に壊して「なくなっちゃったね」などである。保育者と一対一のやりとりを基本に、ゆっくり、はっきり、繰り返し話しかけていくようにする。楽しいという感情を基本に、話し言葉を培っていくようにする。

実践に役立つ具体的な指導法「言葉かけ」

　インリアルは、子どもと大人が相互に反応し合うことによってコミュニケーションや学習の促進を図っていく方法である。子どものコミュニケーション相手となる大人の関わり方を重視している。また、言葉かけには、命令、指示、質問、禁止は含まれていない。大人から言葉かけをする方法として表1のような技法がある。

第7部

表1　大人から声かけをする方法

ミラリング	子どもの行動をそのまままねる
モニタリング	子どもの音声や言葉をそのまままねる
パラレル・トーク	子どもの行動や気持ちを言語化する
セルフ・トーク	大人自身の行動や気持ちを言語化する
リフレクティング	子どもの言い誤りを正しく言い直して聞かせる
モデリング	子どもに新しい言葉のモデルを示す

72 手や指に着目した保育

不器用な子どもをどう理解するか

　保育をしていると、はさみがうまく使えなかったり、折り紙の角と角を合わせられなかったり、明らかに手先が不器用な子どもがいる。その子どもの中には、肢体不自由など障害の特性に付随しているものと、障害があるように思えないのに不器用さが目立つ子どもが見られる。後者は、発達性協調運動障害である可能性も考えられるので、年齢の時期に見られる不器用さの特徴を注意深く観察する必要がある。

　そして、不器用な子どもへの理解では、「障害があるから不器用なんだ」とその子どもの障害の特性の問題だけで捉えるのではなく、意欲的に活動に参加できる環境づくりや不器用さに対して発達を促していく支援に目を向けていくことが大切である。

発達を促す微細運動と粗大運動との関係

　「手は外部の脳」と呼ばれ、手指をよく使うことは脳の発達にとってよい影響を与える。手先が不器用な子どもには、手指を使った細かい運動である微細運動を意識的に保育に取り入れていくことが大切である。また、手先が不器用な子どもは、身体のバランス感覚にも偏りがあることが多い。微細運動は、身体の大きな動きである粗大運動と連動し発達していくことも頭に入れ、子どもの実態に応じて保育を組み立てていくようにしたい。粗大運動についての具体的な内容は「体を動かす」（→**67**）を参照してほしい。

生活場面での手指を使った支援

　保育の中の生活場面では、ズボンを脱ぐ、ボタンをはめる、上着のファスナーを閉める、靴やシューズの脱ぎはき、蛇口をひねる、手洗いをする、トイレットペーパーをちぎるなど、手指を使うことが多い。励ましながら意欲的に取り組めるように丁寧に支援することが基本である。

　また、給食当番などの機会では、お盆にお皿をのせて運んだり、お箸を揃えて配膳するなど手指を使う練習の場になる。

事例

　A君は4歳の男児である。指先の力が弱く、鉛筆を小指まで握り込むことができず濃く絵を描くことができない。また、自分の手足、指先など体のことを聞かれると黙ってしまい、自分の体に対する認識が薄い。

支援法

色鉛筆で指なぞり書き

・「親指からなぞるよ」と指を見るように促しながら、子どもが握った手の上から保育者が握る（指先の力に応じて補助する）。
・各指の名称を復唱しながら書き進める。
・最後までなぞったら「できたね！」と満足感が味わえるようにほめたり、声をかける。
・ハイタッチをして、できた喜びを共有できるようにする。

自立支援のポイント

・鉛筆ではなく、色鉛筆にすることで、好きな色を自分で選ぶことができる。「これがいい！」と自ら意欲的に参加できるように働きかけるようにする。

　手指を使う遊びの実践例は、「音楽表現」（→**73**）、「造形表現」（→**74**）を参照。

73 音楽表現

わらべうた遊び

◆そうめんや◆

①そうめんや　そうめんや　②おしたじ（＝醤油）かけて

③おからみ（＝薬味）かけて　④おくのほうへ　とんじまえ！

【遊び方】

①子どもの腕を上から下に撫でる。

②手の甲を軽くポンポンと叩く。

③軽くつねる。

④「奥の方へ……」で、脇の下をくすぐる。

◆おやゆびねむれ◆

①親指ねむれ　さし指も　中指　べに指　くすりみな

②ねんねしな　ねんねしな　③ね・ん・ね・し・な

【遊び方】

①指の名称を唱えながら一本ずつ指を折っていく。

②手を広げ、もう一方の手で覆ってグーにする×2回。

③手を広げ、親指から順番に指を折っていく。拳を撫でる。

　わらべ歌遊びは、子どもが低年齢であったり、子どもからの働きかけがまだ少ない時期に保育者が一対一で子どもにしてやるとよい。「一本橋こしょこしょ」や「そうめんや」は、くすぐり遊びと呼ばれ、くすぐることで笑いを引き出すことができる。また、身体の一部を触ることで触覚刺激を与えることができる。触覚過敏な子どもには、くすぐり方を加減し楽しめるレベルで行う。

　「おやゆびねむれ」は指の名称を唱えながら、一本ずつ曲げ

たり、開いたりすることで指への触覚刺激を与え、自分の手・指に関心を向けることができる。

手遊び

◆むすんで　ひらいて◆

「むすんでひらいて」のグーパーの動きが基本にあり、しっかり握り込むことは、手で物を握る力にもつながる。

◆手をたたきましょう◆

「手を叩く」、「足踏みする」、「笑う」の3つの音を出す要素があり、リズムに合わせて音を出す楽しさがある。

◆ぐーちょきぱーで何つくろう◆

「グー、チョキ、パー」と、じゃんけんをするのに必要な3つの手の動きが入っている。リズムに合わせて手指の動きを模倣できるように、ゆっくりとしたテンポで行うようにする。

◆あたま かた ひざ ポン◆

頭、肩、膝の3つの名称を唱えながら、「ポン」で手を叩く。身体の部位を触ることで触覚刺激を与えることができる。ボディイメージを高めるのに取り入れたい手遊びである。

手遊びは、一定のリズムで、変化のある動きがあり、注目しやすい特徴がある。同じ動きを模倣することから始まる手遊びは、「見る力」、「聴く力」を育て、他者と楽しさを共有することができる遊びである。また、手指の微細な動きや目と手の協応の力を養うことができる。実践では、じゃんけんができるようになったら、「げんこつ山のたぬきさん」や「お寺のおしょうさん」の手遊びを取り入れると、リズムに合わせて模倣するとともに、じゃんけんを楽しむことができる。

第7部

74 造形表現

描く

しっかりと小指まで握りこめているか確認して、色がついて絵が描けることがわかるようにする。筆圧が弱い子どもでも描き出せるように、滑らかな線のクレヨンを使うとよい。「グルグル」と言って丸を描いたり、「トントン」と言って点を描くなど擬音語で言葉をかける。保育者も描いて見せながら、一緒に表現を楽しめるようにする。

塗る

絵の具を用いて、筆、または刷毛などを使い、白い紙を好きなように塗ることを楽しむ。絵の具は水分を含ませながら塗りやすいようにする。机にシートを敷き「はみ出してもいいよ」と言葉をかけることで大胆に、伸び伸びと表現を楽しめるようにする。手先が自由に使える子どもには、ぬりえのように、子どもの興味に合わせた下絵を用意し、できるだけはみ出さないように塗る。

ちぎる

身近な素材に新聞紙がある。破りやすい方向があるので配慮しながらビリビリと破ることを楽しむ。丸や四角など好きな形にちぎっていくことを楽しむ。細かくちぎれるようになれば、折り紙でちぎり絵も楽しむことができる。花や動物の下絵の台紙にあらかじめ糊をつけておく。台紙の上に、ちぎった折り紙を落とし、紙を逆さにして余計な折り紙を落とすとできる。

切る

　切る動作は、巧緻性や目と手の協応の力を育む。はさみで切れるようになったら、難易度の易しいものから「1回切り」、「2回切り」と切る遊びを始めよう。1回で切れるくらいの幅1センチの長細い画用紙に切る線を入れたものを用意する。切るときには、紙を持つ手の位置も知らせる。そして、「線の上を見て切るよ」と言葉をかけながら注意して見ることを促すようにする。切った紙を野菜などの食材に見立て、ままごとのお鍋に入れて、ごっこ遊びを楽しむこともできる。

貼る

　貼る活動には、糊をよく使う。しかし、糊の感触が苦手な子どもには、帳面にシールを貼ることや、マグネット板に〇△□などを貼るなどの遊びから始めるとよい。また、糊の感触に慣れるためには、粘土遊びや泥遊びなど他の触覚刺激を促す遊びを取り入れていく方法もある。糊を使うときには、濡れたタオルを用意し、「手を拭けば大丈夫だよ」と伝えることで、安心できる環境を作ることが大切である。

コラージュ

集団製作活動：応用編（描く・塗る＋ちぎる・切る＋貼る）

　コラージュとは、「描く・塗る・ちぎる・切る・貼る」を遊びの中で十分に経験させていきながら、それらの活動を全部取り入れた、一般的に貼ることによる表現技法全般のことである。障害のある子どもでも友だちと一緒に表現活動を楽しむことができる内容である。進め方は、①白いコピー紙に刷毛や筆で描く・塗る、②描いた紙をちぎる・切る、③糊に水を加えたものを筆で紙に塗り、製作物に自由に貼る。

第7部

コラム⑦：最善の利益

　子どもの権利とは、世界中のすべての子どもが、心身ともに健康に自分らしく育つための権利である。子どもの権利の基本は、児童の権利に関する条約（子どもの権利条約）に定められている。子どもの権利条約は、子どもの基本的人権を国際的に保障するために定められた条約であり、日本は1994（平成6）年に批准した。これには、生きる権利、守られる権利、育つ権利、参加する権利という4つの柱が謳われている。この意義は、子どもを主体として捉えていること、子ども固有の権利を認めたことにある。そのため、子どもの権利の保障とは、権利の主体である子どもの視点から子どもの考えや意見に耳を傾け、独立した人格である子どもの意見を反映させることである。また、子どもの権利を保障するためには、子どもの最善の利益という基本原則が常に遵守されることが求められている。これは、子ども自らが「そうしたい」と思うことをすべて実行することでもなく、大人が一方的に考えたことを実行することでもない。子どもの最善の利益とは、その時々の状況や一人ひとりの子どもによって変わるものである。そのため、一人ひとりの子どもに向き合い子どもを理解し、個別具体的に判断して対応を行う必要がある。

　子どもの権利条約第3条には、「児童に関するすべての措置をとるに当たっては、公的若しくは私的な社会福祉施設、裁判所、行政当局又は立法機関のいずれによって行われるものであっても、児童の最善の利益が主として考慮されるものとする」と記してある。つまり、子どもの最善の利益はすべての子どもの人権、権利に言及するものであり、社会的養護のもとで暮らす子どもたちにおいても守られなければならないのである。社会的養護のもとで暮らす子どもの最善の利益を保障するにあたっては、子どもの権利条約に主に次の3点の権利が記されている。生活する権利、健康・医療の保障、学習権・教育を受ける権利の保障である。こうした権利を子どもにもわかりやすいように作成されたものに、子どもの権利ノートがある。

（半田睦美）

第 **8** 部

幼保小の連携

75 幼保小の連携で必要なこと

互いに歩み寄る

　幼児期では、幼稚園・保育所・認定子ども園、公立・私立と多少の温度差はあるが、小学校以降の生活を意識して、幼児教育・保育を行っている。

　遊びを通して人と協力することや他者への思いやり、辛抱強く取り組むことや挑戦することなどを育て、自己と感情の発揮と抑制を調整する力ができることを重視している。集団生活や学習の成立にはこの自己調整力が非常に重要で、小学校の指導がスムーズにできるのを目標としている。

　幼保の先生たちは、自分たちがここまで育ててきた子どもを小学校に入ってからももっと伸ばしてほしいという思いが強く、小学校との連携に熱心であるといわれる。

　一方、受け入れる小学校の先生は、学習指導要領に沿って一定の時間内で必要な学習内容を身につけさせている。学力の3つの要素（基礎的な知識・技能、課題解決のために必要な思考力・判断力・表現力、主体的に学習に取り組む態度）の育成をしている。

　要するに、相互の理解を深めていくために大切なことは、一方的に相手に自分の思いを伝えるのではなく、お互いに少しずつ歩み寄ることで、次第に円滑な接続が図られていく。

　連携の取り組みが一人ひとりの子どもたちの成長につながることは言うまでもない。園と学校にはそれぞれの役割があり、その役割に基づいたお互いの方法がとられることが重要である。方策は、①子どもの交流、②教師の相互理解、③接続期のカリキュラムの連携、④その他（家庭との連携等）が挙げられる。

円滑な接続への指導例
——園の1日を単位とした生活から45分を単位とした生活へ

園

○3〜4歳

・集まる前、食事前、降園前などにトイレに行くようにする。

（小学校では休み時間にトイレに行くので、活動の区切りのときにトイレに行く習慣をつける）

・片づけをした後に「○○して遊ぼうね」などと次にすることに期待を持てるようにする。

（小学校での次の授業に対する期待感につながるようにする）

自由に遊ぶときと学級全体で遊ぶときとの区別をつける。そうした中で、子どもが時間の流れや区別を感じるようになる。

○5歳

・ホワイトボードに1日の流れを書き、子どもが1日の生活について大まかな見通しを持って自ら行動できるようにする。

（小学校での1日の流れ・時間割を予測し、安心して自ら行動することにつながるようになる）

・時計を使って長い針がいくつまでという指示を与え、子どもが計画的に行動できるようにする。

この例では、園はどちらかというと活動によって時間が決められていくというイメージがあるが、小学校では時間の区切りを前提として活動を考えていくというイメージがある。園では遊びを十分に楽しんで満足感が得られるよう、時間を保障することが大切であると考えられている。一方、学校ではおよそ45分を単位として生活が展開している。そこで、子どもたちが園から小学校の生活リズムへと少しずつ慣れていけるように、お互いに指導方法を工夫する必要性が出てくる。

第8部

76 教育面での幼保小の接続

幼児期の教育と小学校教育の接続の意義

　文部科学省の『指導計画の作成と保育の展開』によると、幼児期の教育と小学校教育の円滑な接続の意義を、①教育の目的・目標、②教育課程、③教育活動の面から指摘している。

　教育の目的・目標では、教育基本法の理念に基づき、学校教育法において連続性・一貫性を持って構成されている。教育基本法第11条において、幼児期の教育の目的は「生涯にわたる人格形成の基礎を培う」ものとされている。これを受け、学校教育法第22条では、幼稚園教育の目的として「義務教育及びその後の教育の基礎を培う」ことが、「幼児の健やかな成長のために適当な環境を与えて、その心身の発達を助長すること」と並んで位置づけられている。

　教育課程では、連続性・一貫性を前提として発達の段階に配慮した違いを捉えることとなる。目標に関する位置づけの違いが挙げられている。それは、幼児期の教育では「〜を味わう」「〜を感じる」などのように、その後の教育の方向付けを重視するのに対し、小学校教育では「〜ができるようにする」といった具体的な目標への到達を重視するという違いである。

　また、幼児期には3つの自立で①学びの自立、②生活上の自立、③精神的な自立を養うことが必要とされる。小学校低学年の教育では、3つの自立とともに、学力の3つの要素である①基礎的な知識・技能、②課題解決のために必要な思考力・判断力・表現力等、③主体的に学習に取り組む態度の育成につながっていくと踏まえられる。

　教育活動では、学びの芽生えの時期から自覚的な学びの時期

へと円滑的に移行していくことが求められる。幼児期の教育が遊びの中での学び、小学校教育が各教科等の授業を通した学習という違いがあるものの、両者ともに「人との関わり」と「ものとの関わり」という直接的・具体的な対象との関わりの中で行われるという共通点をもつことは、両者の円滑な接続を考える上で重要な視点、手がかりとなる。

　文部科学省の「幼小連携の視点例」は表1のようである。

表1　幼小連携の視点例（文部科学省）

方策	意義	具体的な方策例
Ⅰ　子どもの交流	・幼児は成長の憧れと未来の見通し ・児童は成長の振り返り、自信、思いやり	○園児と児童との相互交流 ○合同行事
Ⅱ　教師の相互理解	・教育内容、指導方法の相互理解	○合同研修・研究 ○授業・保育参加（T.T等） ○意見交換・相互訪問 ○保育・授業参観 ○相互交流【人事交流（長期研修を含む）】
Ⅲ　接続期のカリキュラムの連携	・発達の連続性 ・学び方のつながり	○発達や学びの連続性を図るカリキュラムの構築
Ⅳ　その他（家庭との連携等）	・学校生活の見通し ・不安の解消	○園児の保護者と児童の保護者の交流・意見交換 ○保護者対象の授業参観・保護者会・講演会・入学説明会

77 発達や学びの連続性

カリキュラムの構築への視点〈知的障害児を対象にした場合〉

　図1にまとめたのは、発達や学びの連続したカリキュラム（生涯学習という視点）である。幼児期、学齢期を問わず、この両発達段階においては、いかにして子どもの生きる力を保障するかを考慮して、カリキュラムが編成されなければならない。幼児期においては、発達に応じて生きる力の基礎を形成する時期と位置づけられよう。幼保小一貫して生きる力の形成を図る、幼児期では小学校以降の教育の基盤となるようにする。

　2010年11月に文部科学省から出された『幼児期の教育と小学校教育の円滑な接続の在り方について（報告）』では、幼児期の遊びを通した学びの芽が、次第に学齢期の教科を通した自覚的な学びへとつながっていくことを指摘している。

　一例として、愛知教育大学附属幼稚園では、この学びの芽を、①表現の工夫、②運動技能の習得、③努力する姿勢、④思いつく力（発想力）の高まり、⑥自然認識の深まり、⑥実感を伴った問題の解決、⑦数や量と測定についての認識の深まり、⑧言語表現力（話す力）（話し合う力）の高まりにあると実践から導いている。

　ここでは、学びの芽とは学ぶということを意識しているわけではないが、楽しいことや好きなことに集中することでさまざまなことを学んでいくことになる。一方、自覚的な学びとは集中する時間の中で、自分の課題を受け止め、計画的に学習を進めていくことになる。さらに、前述した文部科学省の報告からは、発達や学びの連続性を保障するための体系的な教育の必要さも読み取ることができよう。

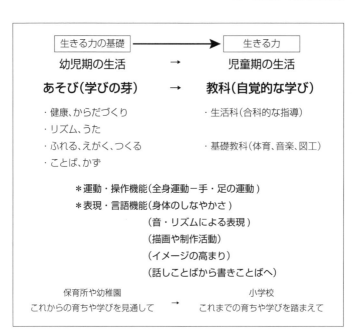

図1　発達や学びの連続したカリキュラム〈生涯発達という観点〉（私案）

　知的障害という特性を考慮すると、幼児期では、①健康・か
らだづくり、②リズム・うた、③ふれる・えがく・つくる、④
ことば・かずに関わる遊びが重要であると考えられる。

　ところで、学齢期特に第一学年では、生活科を中心とした合
科的な指導、特別支援教育では生活単元学習を行うといった工
夫をすることにより、学校生活への適応や緩やかな移行がなさ
れる必要がある。さらに、幼児期での表現に関する内容との関
連を配慮すると、学校教育側における特別支援教育のこれまで
の長い実践の中で確認されてきた基礎教科（体育、音楽、図工）
という捉え方が欠かせない。学齢期ではこの3つの基礎教科を
核にして、やがては国語や算数への広がり、ひいては社会や理
科へといった教科の系統性を大切にすべきである。

第
8
部

78 要録

要録の意義

　要録は、小学校への就学に際して、一人ひとりの保育所や幼稚園での生活や発達の過程を、園から小学校へ伝える公文書である。保育所では保育所児童保育要録、幼稚園では幼稚園幼児指導要録と呼ばれている。

　2017（平成29）年告示の保育所保育指針では、4 (2)「小学校との連携」で次のように述べられている。

> 「ウ　子どもに関する情報共有に関して、保育所に入所している子どもの就学に際し、市町村の支援の下に、子どもの育ちを支えるための資料が保育所から小学校へ送付されるようにすること」

　2008（平成20）年での保育所保育指針によって、すべての子どもについて要録を小学校に送付することとなった。ちなみに幼稚園側では幼稚園幼児指導要録が従来より送付されていた。

　一般的に、保育要録は、保育における養護および教育に関わる5領域（健康、人間関係、環境、言葉、表現）の視点を踏まえて、各自治体が地域の実情に応じて様式を作成することとなっている。しかし、障害のある子どもの場合には、一般に定められているよりもっと詳細な情報を伝達することも必要となろう。今日では個別の教育支援計画が普及してきているので、この支援計画とセットで活用することが有効であると考えられる。例えば、5領域において子どもが育ってきた発達経過を記載すること、子どもに対してどのような働きかけや配慮が必要なのか、有効なのかについての情報は役に立つであろう。保護者の思いを踏まえつつ、子どもの最善の利益を促す資料である。

　要録の活用がうまく進められないという問題も、幼保小連携の会議で取り上げられることがあろう。一例として、①園から送付される時期が年度末ないし新年度になってしまい、クラス編成や年度当初の指導の資料にならない、②様式の統一化は一定図られているものの、記録の内容や表現がそれぞれの園によって違っており、子どもの共通の資料として取り扱いにくい。

　このように要録の園から小学校への送付が形骸化している場合がたとえあるにせよ、園の先生たちは、記録として整理し、保管する手続きは必要不可欠のものであると了解している。

　普通、要録は最終年度の子どもの状態を記入するが、その内容は園での最終学年に至るまでの過程すべてが関わっている。担任の交代があっても、それぞれの時期における育ちの経過を、記録として整理し次の担任に引き継ぐことは重要な意味を持っている。ここでは、子どもの発達の様子が軌跡となって表されていることになり、この上ない貴重な資料となっている。

　要録の生かし方について、以下の重要なポイントがある。

　第一に、記載にあたって留意したい点である。

　　①育ちの軌跡として、過去・現在・これからを明確化する。

　　②間接的あるいは曖昧な表現は避ける。

　　③備考欄を活用し、できるだけ子どもの姿を書く。

　第二に、保育要録の場合、障害児の実態についての記入である。

　　①健康面、日常生活での行動面、運動。基本的生活習慣。

　　②他児との関わり、仲間意識、集団所属。

　　③身近な環境に関わる、生活空間の広がり。

　　④自分の気持ちを話し言葉で表現。

　　⑤自分なりの表現、イメージ。

第8部

79 個別の指導計画、個別の教育支援計画

個別の指導計画のポイント

2007（平成19）年に特別支援教育が始まり、個別の指導計画が進められた。子ども一人ひとりに即して、指導の目標、活動や内容及び対応の方法が示された実践上の計画、個に応じた指導のために個々に立てられたある期間の計画である。その意義は、次のようにまとめられる。

①最適な学習活動を明確にする
②一人ひとりに合った指導の工夫をしやすくなる
③ある期間の指導を個の視点から検討する
④教育が子ども、保護者、教師によって進められる

また、その手順は、一般的には、実態把握から始まり、目標（長期的な観点に立った指導目標と、当面の具体的課題としての短期的な目標）設定、指導計画の作成になろう。

この計画は、コーディネーターや担任だけで作成するものではない。作成からの過程全般において園内の委員会、園全体で検討される必要がある。例えば、実態把握で欠けているところはないか、障害による困難に対する合理的配慮が適確か、評価可能な目標になっているかなどを、話し合うことになる。

重要なポイントは、個別の指導計画が実際の保育でいかに活用されるかといった関連が明確にされることである。カリキュラムは各園で作成されているが、このカリキュラムと実態によって指導計画（年月間）、指導案が作られる。**個別の指導計画から導かれる目標・内容と、カリキュラムから導かれる目標・内容が統合されて個を生かす保育が実施されることになる。**

個別の教育支援計画のポイント

個別の教育支援計画は、子どもの一人ひとりのニーズを正確に把握し、乳幼児期から学校卒業後までの**長期的なライフステージ**にわたって、**連携して一貫した支援をするための計画**である。

このように連続性が強調されるのには、例えば就学の前後の関係機関間で障害や必要な支援についての情報を、適切に共有をはかる体制が十分に整備されていなかった反省がある。

保護者は子どもの状態について同じ内容を何度も園、学校、児童相談センター、保健所などに説明したり、園や学校の担任が代わる都度また説明したりと大変な思いをしてきた。

個別の教育支援計画は、こうした問題を解消し、子ども本人や保護者の負担を軽くするとともに、さまざまな機関が協力してよりよい支援を提供するために、有効なツールとして位置づけられるものである。

参考例として、全国に先駆けて幼保小中一貫プロジェクトに取り組んでいる愛知県阿久比町の『きらきら』は次のようである。

施設・関係機関一覧、作成・活用同意書、プロフィール、健康・診断・手帳、医療・専門機関との関わり、服薬の記録、療育・相談の記録、そして、乳幼児期と小学校期と中学校期のそれぞれに成長の記録、支援ネットワークが記入できるようになっている。

個別の指導計画、個別の教育支援計画の進捗状況については、園・小学校・中学校では差が見られるのも実情であり、幼児期にこの普及をはかることが今後の課題となっている。日々の保育の中で、丁寧に子どもの行動を観察して得られた情報、子どもの新たな成長した姿からスタートする計画に期待したい。

第8部

80 就学指導

最善の利益と就学先

　子どもの発達、障害の種類・程度から教育的ニーズを把握し、就学先の選定と必要な教育環境の整備等を総合的に検討すること、さらに、保護者に対して助言や情報提供を行うことを就学指導という。

　10月31日までに学齢簿の作成が行われた後、翌年4月に入学を予定している子どもに対する11月30日までの就学時健康診断を経て、就学通知の期限である1月までに実施されるのが一般的である。この一連の就学手続きの中で、就学する学校をどこにするかを保護者と相談することが**就学相談**にあたり、就学相談は就学指導の中心となるものである。

　就学基準とは、どのような障害の種類、程度かによって、どの教育の場が適しているかという基準であり、特別支援学校、特別支援学級、通常学級の3つに区分されることになる。

　一例として、学校教育法施行令第22条の3によって、特別支援学校に就学させるべき視覚障害者、聴覚障害者または知的障害者、肢体不自由者若しくは病弱者の心身の障害の程度がそれぞれに示されている。

　例えば、知的障害については、知的発達の遅滞があり、他人との意思疎通が困難で日常生活を営むのに頻繁な援助を必要とする程度のもの。知的発達の遅滞の程度が前号に掲げる程度に達しないもののうち、社会生活への適応が著しく困難なものとなっている。この就学基準に該当しないものは、特別支援学級や通常学級への就学に方向づけられる。

　2012（平成24）年中教審報告「共生社会の形成に向けたイ

ンクルーシブ教育システム構築のための特別支援教育の推進」
を踏まえて、2013（平成25）年に文部科学省から「学校教育
法の一部改正について」という通知が出された。その報告にお
いては、「その際、市町村教育委員会が、本人・保護者に対し
十分情報提供をしつつ、本人・保護者の意見を最大限尊重し、
本人・保護者と市町村教育委員会、学校等が教育的ニーズと必
要な支援について合意形成を行うことを原則とし、最終的には
市町村教育委員会が決定することが適当である」との指摘がな
されている。

　上記の**合意形成をはかる**上では、以下の配慮が必要となる。

①常に障害児と保護者に共感しながら、保護者の意見表明の場
　を通して、学校の選択はもちろんのこと、必要な条件整備に
　関して話題の一つとしていく。

②子どもの発達してきた姿をもとにするのが前提である。子ど
　もを理解するときに、知能指数や障害の程度等を参考資料と
　するものの、あくまでも固定的に子どもを理解するのではな
　く、変容してきている実態から就学先を選択する。

③特別支援学校、特別支援学級、通常学級の教育について保護
　者の理解が得られるように、各々の学校や学級を参観、体験
　入学する。

④就学先の決定にあたっては、子どもの今後の発達をかんがみ、
　最善の利益を図る方向で、できるだけ保護者の意思に沿った
　結論を出すように、慎重に進めていく。

第8部

81 特別支援学校、特別支援学級、通級による指導

特別支援学校

　障害のある子どもたちを対象とした学校で、対象となる障害は、視覚障害、知的障害、病弱・身体虚弱、聴覚障害、肢体不自由の５種類である。都道府県には特別支援学校を置く設置義務があるので、多くは都道府県立となっている。特別支援学校は原則として、義務教育である小学校や中学校に相当する小学部と中学部を置かなければならない。また、幼稚部や高等部が置かれている学校もある。障害が重度重複であり通学困難な場合は、訪問教育といって、教員が家庭や児童福祉施設などを訪れて指導することも行われている。

特別支援学級

　障害の程度が比較的軽い子どもたちを対象に、必要に応じて小学校と中学校に設置される少人数の学級である。原則として、障害種別に置かれることになっていて、視覚障害、肢体不自由、自閉症・情緒障害、聴覚障害、病弱・身体虚弱、知的障害、言語障害の別になっている。また、病院内に設置される病弱・身体虚弱の子どものための特別支援学級を院内学級と称している。

通級による指導

　小学校や中学校に在籍する障害の程度が軽い子どもたちが、ほとんどの授業を通常の学級で受けながら、障害の状態に応じた特別な指導を、一定時間だけ特別な場（通級指導教室）で受ける教育の形態である。対象となるのは、視覚障害、肢体不自由、自閉症、聴覚障害、病弱・身体虚弱、学習障害、言語障害、

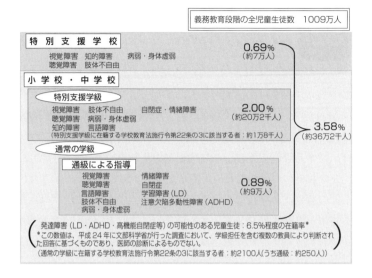

図1　特別支援教育の対象の概念図（義務教育段階）
（平成27年5月1日現在、出典：文部科学省HP「特別支援教育の現状」）

情緒障害、注意欠陥多動性障害の9つである。

特別支援教育を受けている子どもたちの人数

　少子化で子どもの人数は少なくなっているものの、上記の3つの対象となっている人数は年々増えている。

　2015（平成27）年5月1日現在、義務教育段階の全児童生徒数の0.69％が特別支援学校で教育を受けている。さらに、2.00％が特別支援学級で、0.89％が通級による指導を受けている。これらすべてを合わせると約36万2千人、義務教育段階の3.58％に相当する（図1）。文部科学省が2012（平成24）年に公立の小中学校で調査した結果によると、通常の学級において発達障害（学習障害、注意欠陥多動性障害、高機能自閉症など）の可能性のある児童生徒は6.5％程度在籍しているといわれる。

82 コーディネーター

コーディネーターの役割と力量

　2003（平成15）年の「今後の特別支援教育の在り方について（最終報告）」の中で、「学校においては、教職員全体の特別支援教育に対する理解の下に、学校内の協力体制を構築するだけでなく、学校外の関係機関との連携協力が不可欠である」が示され、全国の特別支援学校はもとより、小学校、中学校などにもコーディネーターが校務分掌として位置づけられた。

　コーディネーターの役割は、次のようである。

> ①校内（園内）委員会の推進
> ②保護者の相談窓口
> ③学級担任への支援
> ④外部機関や関係機関との連携
> ⑤センター的機能としての支援

　①については、学習障害、注意欠陥多動性障害などの子どもへの支援では、担任一人の対応では限界があり、学校としての組織的取り組みが必要となってくる。この支援について、協議する場が校内（園内）委員会であって、この会議の中心的役割を担うことになる。

　②③については、学校外の関係諸機関（医療、保健、福祉、労働など）と学校・園との協力は不可欠である。保護者の相談役も必要である。こうした連絡調整としての役割を担う。

　それゆえに、連絡調整に関する知見・技術、障害児の教育や保育全般の方向性、相談活動での経験があるといった人がこの職に就くことが望まれよう。

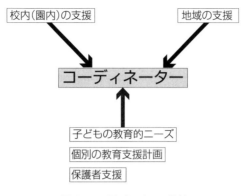

図1　コーディネーターの役割

　また、個別の教育支援計画の作成にあたっては、子どもの乳幼児期から青年期までを見通した計画立案であるために、地域の社会資源を念頭におけるような人が適任といえよう。

　具体的な力量としては、次の6つが考えられる。

---

①コーディネーション力（組織調整）

②コンサルテーション力（助言）

③ファシリテーション力（促進）

④ネットワーキング力（連携）

⑤カウンセリング（相談）

⑥アセスメント力（評価）

　発達障害児支援が叫ばれている今日、担任一人で解決する時代は終わった。特別支援教育を推進する上で、学校・園の先生の意識改革を図り、地域を含めて、学校全体として総合的に対応していく結集力が求められている。

第8部

83 小1プロブレム

不適応状態

　小学校に入学したばかりの1年生が、学校生活に適応できないために起こす問題行動を指す。また、こうした不適応状態が継続して、クラス全体の授業が成立しない状況に陥っていることをいう場合もある。

　精神的な幼さから小学校での集団行動がとれず、その混乱を解消できないまま、教師の話を聞かない、指示に従わない、一定時間を静かに過ごすことができない状態になり、授業中勝手に走り回る、教室から出て行ってしまうなどの行動が見られる。1990年代の後半に提起され、その後、問題が多くの教育現場で顕在化することになった。

　2009（平成21）年に東京都教育庁が発表した「公立小学校第1学年の児童の実態調査」によれば、4校に1校の割合で小1プロブレムが起きていて、子どもの不適応状況はその6割近くが4月に発生し、いったん発生すると、その混乱状態が学年末まで継続するケースが5割を超えると報告されている。

　その原因としては、例えば、小学校入学直後、遊びから学びに生活の中心が変わり、幼児教育から小学校教育へ指導が一変する段差を乗り越えられないためとされる。根底には、少子化や核家族化、地域社会の崩壊によって、以前はあった家庭や地域の教育力が低下していることが考えられる。つまり、人間関係が希薄な現代社会に子どもたちが置かれ、人と関わるコミュニケーション力の育ちそびれ、基本的生活習慣の未確立などが起きているのである。

解決の方向性

①家庭では、子どもの言葉の発達を促すため、子どもの話をよく聞いてあげ、低学年でも本の読み聞かせをする。

②「人間関係を維持する力」と「学びに向かう力」を育てるために地域に遊び場を作る。

子どもたちはいったん家に帰ってしまうと、子ども同士で遊ぶ場や機会がほとんどなくなっている。文部科学省は2007年度から厚生労働省と連携して「放課後子ども教室推進事業」で各小学区で実施するための予算を組んでいる。校庭開放、空き教室の使用、児童館の開放による遊び場づくりである。

③接続カリキュラムを作成する。

例えば、横浜市では「横浜版接続期カリキュラム」を作っている。幼稚園や保育所で取り組むアプローチカリキュラムと小学校で取り組むスタートカリキュラムの双方から、接続期に育てたい子どもの資質に向け、理論と実践から捉えられるように構成している。

また、東京都品川区では、5歳児の10月から小学1年生の一学期をジョイント期と位置づけ、「ジョイント期カリキュラム」を作っている。この期に育てたい力として、「生活する力」「関わる力」「学ぶ力」の3つにまとめ、幼保では小学校生活につながる活動を、小学校では幼保での経験を生かした指導の工夫を試みている。

(→**75**、**76**、**77**)

第8部

コラム⑧：ライフステージ支援　－幼保小連携－

　ライフステージ支援とは、個々の一生涯に応じた縦と横のつながりにおける支援や、継続的・総合的なつながりの支援のことである。縦のつながりとは子どもの成長の見通しを持ち、子どもの発達を正確に評価し、引き継ぐことを指す。また横のつながりとは、他職種の関係者が情報を共有し合い、問題を一人で抱えないようにすることである。幼児期から学齢期につなぐということは、責任の所在を保育・療育機関から教育機関に移すということでなく、むしろ一緒に責任を担っていくということである。

　「幼小連携」とは「幼稚園と小学校（学校教育法にもとづく学校同士）の連携のこと」を指すが、今日では広い意味で幼児教育と小学校教育との連携を意味するとも理解されている。単なる 5 歳児と小学校 1 年生との間の連携問題とは言えない。

　学習指導要領に記載されている「生きる力」を育成するという共通目的の下に子どもを育て、教育する。そのために、それぞれの教員たちが、幼児教育と小学校教育について理解し合うことで連携できるのである。子どもたちが小学校という新しい環境になじみ、意欲的に過ごせるような手助けが必要であるといえる。まずは、保育者と子どもの関係性を理解するよう努める。その上で、幼稚園での生活環境との違いを最小限にし、不安を軽減できるようにすべきである。しかし、新入児はさまざまな体験や経験を経て小学校に入学してきている。そのため、教育は 1 年生から始まるという認識ではなく、小学校 1 年生は人生の 6 年生であるという認識が必要であるといえる。

　現在「幼稚園教育要領」「保育所保育指針」「小学校学習指導要領」の改訂により、「接続期カリキュラム」の策定が始まっている。意図的・計画的な「接続期カリキュラム」を立案・実施することで、子どもたちが不安なく過ごすことを目指していかなければならないのである。障害児に関しては、特別支援教育が 2007（平成 19）年より制度化され、個別の教育支援計画が実施されている。　　　　　　　　　　　（田邊理沙子）

地域の連携と環境

84 関係機関

発達障害者支援センター

　近年福祉の分野で特筆できるのは、2005（平成17）年から施行された発達障害者支援法で、**発達障害者支援センター**を指定したことである。これまで法制上に明確に障害として規定されていなかった学習障害、注意欠陥多動性障害等の発達障害のある子どもを支援することが明記された。このセンターが、各都道府県・指定都市に設置・運営されることになった。乳幼児健診後の経過観察時の教室に協力し家庭支援に関わっていたり、保育所や幼稚園、小中学校の巡回指導に協力していたりする地域もある。

　図1は乳幼児期から高校卒業後までの機関を網羅したイメージ図である。ここでは、就学前に焦点を置いて児童発達支援事業と母子保健事業を取り上げる。

児童発達支援事業

　児童発達支援とは、障害児通所支援の一つで、小学校就学前の6歳までの障害のある子どもが主に通い、支援を受けるための施設である。大別すると、①**児童発達支援センター**、②**児童発達支援事業所**に分けられる。前者は、児童福祉法では児童福祉施設に規定されていて、通所支援のほか、地域にいる障害のある子どもや家族への支援、保育所や幼稚園との連携も行っている。また、放課後等デイサービスを併設している施設もある。前者が地域の中核となる専門機関ならば、後者はそれを補うように、できる限り地域に設置し、量の拡大を図る意味で設けられている。

図1　乳幼児期から高校卒業後までの関係機関のイメージ図

母子保健事業

　母子保健とは、丈夫な子どもを産み、健康に育てるという考えのもとに、母親と子どもの健康保持と増進を図ることをいう。死亡率の高かった乳児および妊婦の健康管理、児童福祉法による母子保健施策が実施されてきたが、1965（昭和40）年の母子保健法により健康教育の政策が強力に進められるようになった経緯がある。

　その一つの柱として、**保健センターでの活動**がある。各市町村の保健センターでは、育児や子どもの発達等に関する相談を受け付けたり育児教室を開いたりしている。乳幼児健康診査は、母子保健法に基づき行われているが、市町村に実施義務があるのは1歳6ヵ月と3歳児の健康診査となっている。健診で経過観察が必要な子どものための事後指導では、子どもは楽しく遊んだり、保護者の相談にのったりし、安心して過ごせるように各機関につなげている。

第9部

85 ネットワーク

関係機関との連携・協力

　網の目のように張りめぐられた地域での関係機関のつながりをネットワークという。そこでは、情報や知識が交換されたり、共有されたりする。つまり、**連携・協力関係が築かれる**ことになる。地域の団体や組織、個人がつながり合って、お互いの持っている役割機能を出し合い、補完し合うことにより、子どもや家庭の生活の質が高まることが可能となる。

　今日的な子どもや家庭の課題に対応しようとしたとき、関係機関との連携・協力は特に重要である。個々の家庭に潜在している育児の大変さや悩みに対して一機関のみで支援していくには、相当無理な場合が生じてきている。

　地域には、**保育・教育・療育・保健・医療などに関係する専門機関**や協力する住民がいる。こうした地域に多数配置された相談・支援窓口が必要に応じて、手をつなぐ地域での相談・支援のシステム化が構築されることが望まれる。

　保育所が子育て・家庭支援という役割・専門性を有効に果たすには、どのような関係機関と連携・協力を図ることになるのであろうか。

　福祉関係機関としては、児童相談所、福祉事務所、児童福祉施設、地域の児童委員・民生委員など、保健関係機関としては、保健所、保健センターなど、医療関係機関としては、病院、主治医、嘱託医など、教育関係機関としては、幼稚園、学校、教育委員会など、司法・警察関係機関としては、警察署、家庭裁判所などがある。中でも、制度上、実践上で最も連携・協力する機会が多くなるのは福祉関係機関である（→84）。

　例えば、児童相談所との連携・協力では、保育士は児童虐待を発見しやすい立場であって、虐待の疑いがあるときには早めに児童相談所に通告して、児童虐待の予防を念頭に置きながら保護者と関わる必要がある。また、児童委員との連携・協力では、児童委員は児童福祉法に定められている住民協力者であり、特に地域の児童福祉に取り組む役割を担っている。それゆえに、普段から保育所を児童委員が出入りしやすい雰囲気にして、情報交換や協力できる体制を作っておくことが求められる。

　以上のように、子育て支援を担う保育所は、日常生活の中で活動し、最も子育ての知識・経験・技術を蓄積しており、しかも児童福祉施設の中ではその数が最大であって、地域内で密接な関わりを持ちやすい専門機関である。

　連携・協力は関係機関の補完性・専門性の発揮である。

　第一に、複数の目によって、より適した支援の方針が打ち出されることになる。そして、補完性を発揮することになる。

　第二に、専門性を発揮し、専門機関の力を結集することによって、子どもたちの発達をより保障したり、家庭を一段と支援したりすることになる。

保育所における質の向上のためのアクションプログラム
2008（平成20）年に厚生労働省から出された「保育所における質の向上のためのアクションプログラム」において、「①保健・衛生面の対応の明確化、②看護師等専門的職員の確保の推進、③嘱託医の役割の明確化、④特別の支援を要する子どもの保育の充実、⑤地域の関係機関等との連携」という具体的施策が示されている。

第9部

86 早期発見

発見から支援へ

　わが国においては、1歳半健診、3歳児健診を受けることが法律で定められており、全国の自治体で実施されている。さらに、近年では5歳児健診を行う自治体も出てきている。

　例えば、1歳半健診では、「視線が合うか」「指示した対象への指さしができるか」「積木を2個以上積むことができるか」「簡単な指示が理解できるか」などの項目について確認が行われる。

　これらの項目は、発達している状態を見極めるためのものさしである。健診では、子どもの生活年齢に照らし合わせて、発達状況が確かめられるが、中には発達にアンバランスが見られる場合がある。

　発達のアンバランスが確認される子どもの保護者の中には、家庭でわが子の対応に苦慮している場合が決して少なくない。「子どもの行動や言動に向けた具体的な対応法が見つからないために、つい子どもを強く叱る回数が多くなる」という声も聞かれる。一方、子どもの立場からすると、「見たこと、感じたことを素直に表現しているだけ。なぜしかられ続けるのかわからない」という目に見えない課題を抱えながら懸命に生きている。このような状態が長引くことは、保護者と子どもの双方にとって非常に息苦しい時期が延長されることを意味する。

　子どもの発達の偏りについてできる限り早期に気づくことが、叱咤などによる心的外傷を防止し、その後の心身の発達を促進させることにつながる。子どもの最善の利益を保障するために、いかなる関係機関で支援を受けるのかを選択していくことになる（→87）。

　健診のほかに保育所や幼稚園は、発達障害のある子どもを早期発見し、早期の支援を開始する場としての役割を担うことが可能である。園は子ども同士の社会生活の場でもあり、対人関係やコミュニケーションの問題が発見されやすいからである。

　知的障害を伴わない発達障害の場合、障害とは認識されにくく何の支援も受けないまま時が経過してしまうケースがけっこうある。障害ゆえの行動と理解されないまま、無理を強いられ続けた結果、自信をなくしたり、登園をしぶるようになったりする。

　しかし、早い時期から支援を受けることで、子どもの経過が変わっていくものである。幼児期から適切な対応がなされれば、**子どもにとって苦痛の少ない、理解しやすい環境が提供**されることになり、子どもは生き生きと遊びや活動に取り組むことができるようになる。

　また、早期支援には、育てにくい子どもを持って不安や悩みを抱える保護者に対して、わが子への理解を助け、適切な環境や対応を伝えることで、子育てをサポートする子育て支援の役割もある。保護者との日々の関係を作りながら、関係機関につなげるといった課題が出てくる。

　診断を受けるということは、「障害児」というレッテルをはることではない。障害があることを知ることで、その子の行動を理解する手がかりを得るということである。そして、その子に合った適切な支援法を障害の特性から考えることになる。

第9部

自閉症の特性を踏まえた支援法
①絵カード、写真、文字カードなどの視覚入力を利用する。
②わかりやすいスケジュール、納得できる交換条件を提示する。

87 5歳児健診

発達障害児の捕捉

　乳幼児健診は、1歳半健診、3歳児健診が母子保健法で定められた健診であり、全国の市町村で実施されている。これに加えて、近年では5歳時に健診を行う市町村が増えてきた。その理由は、2005（平成17）年に施行された**発達障害者支援法**の中に、地方公共団体の責務として、発達障害の早期発見、発達障害児に対する早期支援が求められるようになったことである。

　全国に先駆けて5歳児健診を試行したのは**鳥取県大山町**であった。その中心となった小枝達也（小児神経学）によると、3歳児健診では、注意欠陥多動性障害、学習障害、広汎性発達障害などの捕捉が難しい点があり、5歳児健診で発見が可能であるというのが主要な理由である。

　鳥取県の5歳児健康診査票より、問診票の質問事項の一部は以下のようになっている。

今の状態について、はい・いいえ・不明に○印をつけてください。

・スキップができる　　　　　・ブランコがこげる

・片足でケンケンができる　　・お手本を見て四角が描ける

・大便がひとりでできる　　　・ボタンのかけはずしができる

・集団で遊べる　　　　　　　・家族に言って遊びに行ける

・ジャンケンの勝敗がわかる　・自分の名前が読める

・発音がはっきりしている　　・自分の左右がわかる

　この健診では、**集団の中における子どもの行動の様子やコミュニケーションを見る**ことが重要となる。そこで、保育所や幼稚園の先生も健診を構成するスタッフの一員になるのが特徴である。

　5歳児健診の有用性は、第一に健診の内容がマニュアル化されていることである。それゆえに講習を受ければ対応できやすいという利点が出てくる。

　第二に、5歳の誕生月に行うという時期的なものである。残された1年間で、より適切な支援を受けられたり、適切な就学先を選択できたりすることになる。

　第三に、健診と相談が一つのセットであることが望ましく、専門機関とつなぐ場ができ、その後も継続していけるような支援体制ができる。

　5歳児健診では、保育所や幼稚園との連携が重要になってくる。健診後の園への具体的な支援として、保健師、臨床心理士による再度の訪問による事後指導、また、園での事例検討会の実施がある。5歳児健診を行うにつれて、担当者、園の先生の発達障害児を見分ける目は鋭くなり、発見されるケースは多くなっていく。さらに、連携が深まれば、相談しやすくなり他の子どもたちへの適切な支援も行いやすくなる。鳥取県では5歳児健診と、子育て相談（保育士）、心理発達相談（心理士）、教育相談（教師）の事後相談のパッケージを作り、保護者の気づきを深めている。また、個人情報の管理の徹底を前提として、ITを活用して健診結果を健診担当者、各園、情報を管理する保健センターなどがアクセスし共有することができるシステムを構築する方法もある。

軽度発達障害児に対する気づきと支援のマニュアル
厚生労働省は5歳児健診の実施にあたって、「軽度発達障害児に対する気づきと支援のマニュアル」を公開し、共通の認識が得られるようにしている。構造化された診察手順や問診票などの健康診査ツール、受診した事例等を見ることができる。

第9部

88 巡回相談

専門性の補完

　巡回相談とは、保育所や幼稚園外の専門職が統合保育を実施している保育現場に赴き、子どもの様子を実際に見た上で、専門的な知見を提供しつつ、保育者とともに障害児や気になる子の保育について考える相談活動である。近年では、発達障害幼児の保育に関する相談が増えており、それに伴って巡回相談の重要性はますます高まっている。

　専門機関のスタッフとは、**臨床心理士**という心理学の専門性を持つ心理職による相談、障害の発見から継続して見ている**保健師**のアドバイスを指すことが多い。そのほかに、**言語療法士、作業療法士、医師**などが含まれる。

　巡回相談の歴史はけっこう古く、1973年に滋賀県大津市の園で障害幼児全員受け入れを行った際に、巡回相談を障害児保育の実施に不可欠な制度として位置づけられた。現在では、さまざまな立場から巡回相談が行われるようになってきているが、1990年代からは、コンサルテーションの概念が障害児保育における巡回相談に導入されたことで、子どもの発達を支援するだけでなく、保育者や保育そのものを支援するという側面がより強調されるようになった。

　今日的には、巡回相談の役割を以下のようにまとめられよう。

①保育の実際に関わる指摘（問題行動への対応、発達を促す方法、心理的安定を図る等）
②保育者の組織化（職員間の協力体制等）
③保護者への支援方法

④専門機関との連携（地域の社会資源の活用）

統合保育における巡回相談の基本的な枠組みは、次のようである。

①保育の専門家である保育者との連携・共同作業である

②実際に保育するのは保育者である

③ある程度長期的な見通しが必要である

④巡回する専門職は、常時頻繁に関わるのではない

次に、巡回相談を行ってくれる専門家への相談例を紹介してみる。保育臨床の専門家が園に定期的に巡回相談に来る場合には、保育上で気になる子どもの行動を具体的に伝えた上で、実際に日常の子どもの様子を見てもらう。また、専門家のもとに保育者が相談に行く場合には、普段の子どもの姿を映したビデオなどを持参する方法もある。

専門家には、その子どもを指導する上で保育者は何に配慮する必要があるのかについて具体的アドバイスをもらう。その際に、なぜそのような対応が求められるのかを子どもの実態と合わせて聞いておくと、今後、同じような状態を示す子どもを保育する際に役立つ。保育上のアドバイスに加えて、保護者に専門機関での受診を促す必要があるのか、しばらく見守っていればよいのか、保護者にいつ、どのようなタイミングで、いかに話をしたらよいのかなどについて助言をもらう。

特別支援教育の普及の中で、巡回相談のシステムを整備する自治体が増えてきている。子どもの発達や障害について多様な専門家が携わっている今日、**保育の質の向上のためには**、こうした専門家からの知見を取り入れることにポイントがある。

89 開かれた園づくり

地域と家庭の一体

　少子化、核家族化、地域における地縁的なつながりの希薄化などの社会状況の変化により、保護者の子育てへの不安や孤立感の高まりや、子どもが友だちを作って遊べる場の減少などさまざまな問題が生じている。このような状況の中で、保育所や幼稚園には、開かれた園づくりが求められている。

　開かれた園づくりでは、子どもたちが心豊かに育つために**地域社会や家庭が一体となって子どもを育てていく**ことが大切であると考えられている。家庭との連携を密にして、地域の自然・人材・伝統行事や公共施設などを積極的に活用し、子どもたちが豊かな生活体験をできるようにして活動が設定される。

　その活動内容としては図1のようになろう。

　その中核に位置づけられるのが**子育て支援**である。共働き世帯やひとり親家族の支援が中心であった子育て支援は、近年になってどのような家庭に対しても必要不可欠なものとなっている。

　子育て支援の一つの取り組みとして以下のものがある。①預かり保育、②未就園児の親子登園、③園庭・園舎の開放、④専門家による子育て相談、子育てカウンセリング、⑤子育て講座・講演会の開催、⑥保護者の交流のための場の提供、⑦子育てサークルの支援、⑧子育て情報の提供、⑨高齢者・ボランティア団体との地域交流、⑩絵本の読み聞かせや読書活動、⑪保護者の保育参加である。

　家庭や地域とともに活動を進めることで得られることは、①地域の人や保護者が、幼児や保育についての理解を深めること

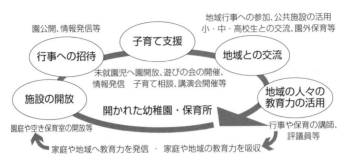

図1　開かれた幼稚園・保育所としての活動内容

ができる、②地域の人や保護者が力を発揮できる場や機会をつくることは、一人ひとりの持ち味が発揮されることになり、相互に喜びが感じられる、③保護者自身が他人の子どもと関わることで、保護者として成長できる、④特技を持つ地域の高齢者や保護者から技術や知恵を学ぶことができる、⑤子どもたちの生活経験が豊かになる。

乳幼児と中学生の関わり（例）
中学生の保育ボランティアを受け入れ、乳幼児と中学生が関わる機会をつくっている。ちょっと生意気な男子生徒たちは、初めは難しそうな顔で来園するが、幼児たちとの関わりで、実に素直になり、実習を終えて帰る生徒たちは、園児たちとの別れを惜しんだり、見送られて瞳をうるませる者もいて、実に美しい笑顔と素直な心を見せたりしてくれる。その後幼児たちは中学校の運動会に招待され、郷土芸能の稚児獅子舞を生徒と一緒に披露する。

第9部

90 特別支援学校のセンター的機能

専門的知見を地域で活用

2007（平成19）年から施行された特別支援教育関連法では、学校教育法第74条という条項が新設された。同条は「特別支援学校においては、……幼稚園、小学校、中学校、高等学校又は中等教育学校の要請に応じて、……幼児、児童又は生徒の教育に関し必要な助言又は援助を行うよう努める」と規定している。端的に言うと、地域における特別支援教育を推進する上で、専門的教育機関である特別支援学校が、**小中学校などを積極的に支援**していくシステムのことになる。

これまでも、盲・聾・養護学校の学習指導要領等において、盲・聾・養護学校は「地域の実態や家庭の要請等により、……特殊教育に関する相談のセンターとしての役割」とされていた。現在では、センター的機能を担うスタッフは「コーディネーター」の指名を受けて**地域支援**をもっぱら仕事としている（→**82**）。

そのセンター的機能は以下のように整理できよう（図1）。

①小中学校等の教員への支援機能
②特別支援教育等に関する相談・情報提供機能
③障害のある子どもへの指導・支援機能
④福祉、医療、労働などの関係機関との連絡・調整機能
⑤小中学校の教員に対する研修協力機能
⑥障害のある子どもへの施設設備等の提供機能

例えば、①では、障害のある子どもに対する個別の指導内容・方法について助言する。個別の教育支援計画の策定にあたって支援する。②では、就学前や地域の小中学校に在籍する子ども

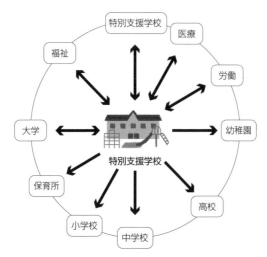

図1 特別支援学校のセンター的機能

に対する指導及びその保護者からの相談を受ける。③では、通常の学級に在籍する発達障害児を支援する、通級による指導をする。④では、関係機関と連携し、個別の教育支援計画を策定する。⑤では、小中学校等の教員に対する研修の講師を務める。⑥では、点字図書の貸し出しや知能検査を実施する。

今後の課題としては次の諸点があろう。

第一に、センター的機能に関しては、「〜を行うよう努めるものとする」という努力義務の規定になっている点である。

第二に、多くの特別支援学校の管理運営を担う都道府県教育委員会と、小中学校の管理運営を担う市町村教育委員会とが十分に連携する点である。

第三に、高い専門性を有する教員が適正に配置される人的配置、校内（園内）の組織体制づくりの点である。

第9部

91 家庭や地域の変化

子育て条件での制約

今日の家庭の変化として大きくあげられるものは、家庭機能の縮小と核家族化である。

家庭機能の縮小とは、かつて大家族であった時代、家庭には生産と消費、子どもの保育・教育、相互扶助、娯楽などの機能があった。つまり家庭でみんなが働き、助け合い、子どもを育て、楽しむ生活があった。しかし、時代が進み、その機能の中から、生産は会社で、保育・教育は園や学校や教育産業で、娯楽はレジャー産業でと、従来は家庭内にあった機能の多くが外部の集団に譲り渡されてきた経緯がある。

核家族化は社会の産業化とともに急速に進展したが、産業化は若い労働力を都市へと集中させ、親族結合という関係を弱め、単身赴任に見られるように家族を離れて住むようにさせた。さらに、家族とともに働くという体験を少なくさせた。それが合計特殊出生率の低下となってあらわれている。

以上見てきたように、家庭や地域の変化は、**家庭で子どもを育てていく条件に大きな制約**をもたらすことであって、新たな対策が社会で進められないと、親による子育てや子ども自身にさまざまな生活問題が引き起こされることになる。一例として、核家族化状況の中で育った子どもは、人間関係が希薄なために集団の中での体験に欠け、愛情や思いやりや時には競争といった生活上の体験も十分でない可能性がある。核家族は夫や妻の死亡や離婚が起きた場合にはたちまち家族の欠損に結びつきやすいため、子どもの能力や人格形成に不安をもたらすという危機を持っている。

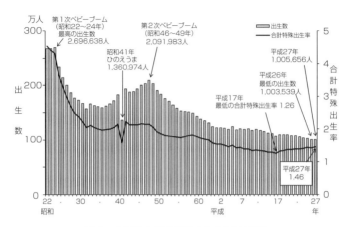

図1　出生数及び合計特殊出生率の年次推移

（出典：厚生労働省HP「平成27年人口動態統計月報年計（概数）の概況」）

　以上から、障害のある子どもを含めて子どもたちを取り巻く生活環境は、**発達の土壌が貧しくなっている**といわざるを得ない。障害のある子どもは、障害があるゆえに生活する上で制限を受け、生活経験がどうしても貧しくなる。それゆえにこうした貧しい環境は、生きる力を形成する上で余計に支障をきたすと考えられる。

　児童憲章は「児童は、よい環境の中で育てられる」と明記しているが、障害があろうとなかろうとすべての子どもたちが健やかに育つ生活環境とは何かが、もっと問われなければならない。

遅寝・遅起き
遅寝・遅起きの子どもの増加があるが、落ち着きがない、集中できないといった行動は睡眠・成長ホルモンとの関係が指摘される。

92 障害児の生活の拠点づくり

環境の組織化

これまでの障害児保育実践の積み重ねの中で、どんなに障害が重かろうと、その子どもの発達は全生活の中で育まれ達成されていくものであることが確認されている。それが能動的な達成となるためには、まずは、子どもが生活の主体であることを確認し、それにふさわしい生活が組織されるべきである。

障害児の生活リズムがいかなる時空間の広がりの中で展開されているかを見てみると、生活の拠点というべき場があることに気づかされる。乳幼児期について、図1のように、①居住の場（家庭、入所施設）、②課業・通所の場（保育所、幼稚園、通園施設など）、③地域での活動の場（遊び場、ボランティアサークル、レスパイトサービスなど）という3つの場がある。

今ここで生活の拠点として取り上げたのは、第一に、子どもにとって必要不可欠な生活の役割をそれぞれが独自に持っていること、第二に、各々の場には異なる指導者によって構成された集団の活動があること、第三に、こうした場では生活への意欲が生じ、メリハリのある生活になるからである。

子どもの発達は、主体的な、能動的な活動によって獲得されるものであるということはよく主張される。つまり、生活の拠点においてどのような生活内容が行われているかということが、子どもの発達・QOLにとっては大きく左右するのである。

そのような拠点で障害のある子どもに実施されている主な生活内容として、①生活リズム・基本的生活習慣（睡眠・食事・排泄・着脱など）、②遊び、③レクリエーションやからだづくり、④学習的な活動、⑤障害への訓練が挙げられる。この3つ

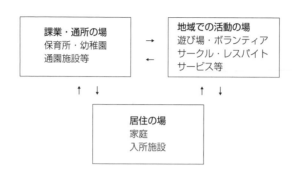

図1 障害のある子どもの生活の拠点
（出典：伊藤嘉子・小川英彦『障害児をはぐくむ楽しい保育』黎明書房）

　の拠点では、障害のある子どもの実態に合った生活内容が各々で実施されていき、そうした生活内容が相互に関連し合うことで、一人の子どもの全体の発達が促進されていくことになる。

　園での生活づくりは、発達の土壌となるような環境を整えるともいえる。具体的には、遊べる空間、時間と集団、遊び道具を保障することが求められる。

　例えば、ある時期の発達の子どもには、坂や小山といった環境が、移動にとって平面よりは発達の栄養になるといえよう。

　また、手指の操作と関わって、砂、土、水は豊かな自然物であり、可塑性が高く、子どもたちが手指で自由に作りかえることができる。こうした素材を使っての遊びは、子どものイメージを豊かにするまさに発達の源といえる。

「生活が人間を育てる」
ルソーやペスタロッチに代表される近代教育思想では、「生活が人間を育てる」という考えが中核をなしていた。

第9部

93 ADLとQOL

自立の向上へ

　ADL（Activities of Daily Living）は「日常生活動作」と呼ばれる。わが国では、1976（昭和51）年に日本リハビリテーション医学会が規定した概念では「ADLとは、ひとりの人間が独立して生活をするために行う基本的な、しかも各人ともに共通に毎日繰り返される一連の動作群をいう」とされている。ADLには、日常の生活を営む上での移動・食事・整容・更衣・排泄・入浴などが含まれる。広義にはASL（Activities of Social Life）に属する、外出、コミュニケーション能力なども含まれる。現在では、文化、余暇活動も含まれるようになった。

　以上のようにリハビリテーション医学において、これまでの医学界の主眼は「生命」「治療＝治す」であったが、ADLの概念によって医学の世界に「生活」という視点が導入された意義は大きいといわれている。ADLの自立というと、自分の身の回りのことは自分でできることと解釈されやすいが、すべて自分で行うことがADLの自立とは言えない。環境調整も大きな課題なのである。

　QOL（Quality of Life）は「生活の質」と訳されることが多いが、「生命の質」「人生の質」などの意味でも使われている。

　保育や教育では、人間らしく、満足して生活しているかを評価する概念として扱われている。

　1970年代、アメリカでは、障害者の人たちが中心として、例えば、身体障害等によって失われた機能によって、ADLの自立性が回復する見込みがなくても、社会参加や自己実現が可能であると主張する、IL（Independent Living）の「自立生活」

運動が展開された。IL 思想の中では次のように述べられる。

---

①たとえ ADL においては完全な自立を達成しえず、部分的あ
　るいは全介助を必要とする人でも、その知的能力により職業
　に就いて社会的に役割を果たすことができる
②より障害が重くて、有益な社会的な役割を果たすことができ
　なくても自己決定権を堅持している限り、たとえ全面的な介
　助を受けていても人格的には自立している

　障害の重い子どもについて、たとえ寝たきりであってもパソ
コンで自分の気持ちを表現する姿、その子らしく生き生きとし
た生活を過ごしている姿を見ることができる。このように障害
からくる苦しさや制約から解放され、人とのコミュニケーショ
ンを通じ自分らしさを発揮できるためには、十分な医療的ケア
や周囲の支援が必要となってくると捉えられよう。

　IL 運動の成果もあって、リハビリテーションの目標が ADL
から QOL へと言及されるようになった。障害児者に日常生活
動作の自立を求めるのではなく、自己決定により、自分らしい
生き方を求めるのが自立である、という考え方である。ただこ
こで留意すべきは、「ADL から QOL へ」がスローガン的になり、
ADL を軽視する傾向も出てきたが、これは誤りである。ADL
と QOL の関係は個々によって異なりさまざまな場合があるが、
ADL の改善が QOL の向上につながることが多い点がある。

　障害の階層的理解に貢献した上田敏は、QOL を構成する因
子として、① ADL、②労働・仕事、③経済生活、④家庭生活、
⑤社会参加、⑥趣味、⑦文化活動、⑧旅行・レジャー活動、⑨
スポーツを挙げている。まさしく、一人ひとりに可能な最大限
の豊かな社会生活を実現することを目指すものになっている。

第9部

94 バリアフリー

障害者を取り巻く環境

　バリアフリー（Barrier free）とは、対象者である障害者や高齢者の社会的弱者が、社会生活に参加する上で生活の支障となる**物理的、精神的な障壁**を取り除くための施策をいう。障害者や高齢者にとって安全かつ、住みよい社会を作るための概念である。

　1974年にバリアフリーデザインに関する専門家会議（国連障害者生活環境専門家会議）において、報告書『バリアフリーデザイン』が作成され、建築用語としてのバリアフリーという言葉が知られるようになった。同報告においては障壁を物理的障壁と社会的障壁に当初より分類しており、社会的な意識の変革が必要であるとしている。

　日本では、厚生省（現厚生労働省）が1970年代から80年代に都市事業として、自治体ごとに障害者の生活環境、住宅の改善を目指した。1990年以降は障害者のみならず高齢者もその対象に据え、まちづくり事業が実施されている。また、建設省（現国土交通省）は、1994年に「高齢者、身体障害者等が円滑に利用できる特定建築物の建築の促進に関する法律」（ハートビル法）の制定、運輸省（現国土交通省）は、2000年に「高齢者、身体障害者等の公共交通機関を利用した移動の円滑化の促進に関する法律」（交通バリアフリー法）を制定した。さらに、2006年にはハートビル法と交通バリアフリー法を統合したバリアフリー新法（「高齢者、障害者等の移動等の円滑化の促進に関する法律」）が成立、施行された。その後、各地方公共団体は、福祉のまちづくり条例を制定している。

　今日、障害者を取り巻く社会環境には、大別すると4つのバリアが考えられる。

---

①機械・建築・都市環境における物理的バリア

②資格制限、大学など入試制度、就職試験における制度的バリア

③点字や手話サービスなど情報保障の欠如による文化・情報面のバリア

④無理解、偏見、差別の意識上のバリア

　ところで、障害との関係を考えると、**障害は社会の問題でもあるが**、日本においては、個人的問題と捉えられがちである。2001年WHO（世界保健機関）総会で国際生活機能分類が採択された。そこでは、障害は、健康状態と背景因子（環境因子、個人因子）との双方向的な関係で示され、心身機能と身体構造、活動、参加において分類されている。この捉え方では、障害は特定の個人に帰属するものではなく、社会環境によって作り出される機能状態であること、障害のある人を対象にしてノーマライゼーションを進めていくには、環境要因の整備拡充を図ることが強調されている。バリアフリーとは、障害のある人が社会参加する際の障害を本人の側の問題として捉えるという視点より、社会の側の問題として捉える視点への転換を投げかけている（→⑭）。

95 障害児施設

施設体系の再編

　2012（平成24）年4月1日に児童福祉法が改正された。図1にあるように、従来の通所サービスは障害児通所支援、入所サービスは障害児入所支援というように再編され、これまで障害の種別ごとに分かれていた施設体系が、通所か入所かという利用別の形態に一元化された。前者の障害児通所支援は、4種類の支援から成り立っている。

　障害児通所支援について概観してみよう。

　児童発達支援を担うのは児童福祉施設として位置づけられた児童発達支援センターと児童発達支援事業の2つのタイプの施設に相当する。通所利用の障害児やその家族に対する支援を行う。日常生活における基本的な動作の指導、知識技能の付与、集団生活への適応訓練を行っている。

　医療型児童発達支援とは児童発達支援に加えて医療の提供を行う。これまでの肢体不自由児通園施設や重症心身障害児者通園事業が医療型児童発達支援センターに移行した。

　放課後デイサービスとは、学校就学中の障害児に対する放課後や夏休み等の居場所や生活能力向上のための訓練等を行う。

　保育所等訪問支援とは、施設のスタッフが近隣の保育所や幼稚園を訪問し、障害児保育を支援する目的がある。地域での連携という点で今後ますます重要視されてくる。

　一方、障害児入所について概観してみよう。

　福祉型障害児入所施設では、保護、日常生活の指導、独立自活に必要な知識技能の付与をサービスとする。そして、**医療型障害児入所施設**は、これらに治療が加わる施設である。医療の

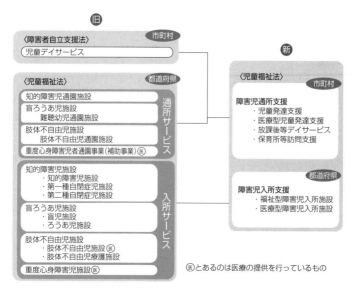

図1　障害児施設・事業の一元化イメージ（出典：厚生労働省社会・援護局障害保健福祉部『全国厚生労働関係部局長会議（厚生分科会）資料』2011年）

提供の有無によりどちらかに移行することになる。

　ここでは児童発達支援を取り上げてみる。「○○学園」「○○療育センター」等と称され、地域での障害児に対する専門的知識や技能を有する機関ゆえに、センター的な役割を期待されている。障害児が日中通い（通所すること）、一人ひとりの障害に応じた支援や発達の促進をねらいとした個別の療育や小集団での活動、といった支援を受けることができる。さらに、保護者に対する支援も行われており、子どもに合わせた食事や排泄等といった基本的生活習慣の確立に向けて、遊びや生活の中でどのように関わればよいかを知ることができ、育児の悩みの相談にものってくれ、家族支援が行われている。保育所や幼稚園に在園する障害児は、入園前に、あるいは並行通園で入園後にも通っている子が多い。

第9部

96 放課後児童健全育成事業

役割

　児童福祉法第6条の3第2項では、その趣旨を「保護者が労働等により昼間家庭にいないものに、授業の終了後に児童厚生施設等の施設を利用して適切な遊び及び生活の場を与えて、その健全な育成を図る」と規定している。

　実施主体は市町村であり、委託として市町村以外の者が行うとし、規模としては一つの支援の単位を構成する児童の数がおおむね40人以下となっている。また、開所日数は年間250日以上であり、開所時間は原則として、小学校の授業の休業日（長期休暇期間等）は一日につき8時間、休業日以外の日（平日）は一日につき3時間となっている。（厚生労働省「放課後児童健全育成事業の実施について」、平成28年3月31日）

　その役割は多様であるが、共通するものとしては以下である。

①保護者の帰宅・お迎えまでの間の児童の健康管理・安全確保・情緒の安定
②適切な遊びや活動の提供により自主性・社会性・創造性を培うこと（遊び・工作・季節の行事・誕生日会等）
③補食としてのおやつの提供（手作りおやつ・クッキング等）
④宿題など自主学習の場の提供
⑤児童の活動状況の把握と家庭との連携（連絡帳・面談等）

推移

　図1のように、登録児童数及び放課後児童クラブ数ともに年々増加傾向となっている。2016（平成28年）の前者は1,093,085人、

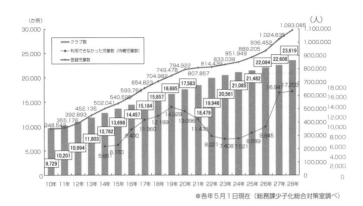

図1　クラブ数、児童数及び利用できなかった児童数の推移
（出典:厚生労働省「平成28年放課後児童健全育成事業（放課後児童クラブ）の実施状況」）

後者は23,619ヵ所となっている。こうした増加の一途になった
のは、女性就労の拡大、共働きの増加、男女共同参画社会の進
行に伴ったことによる。子ども・子育て支援法によって「市町
村子ども・子育て支援事業計画」の策定が市町村に義務づけら
れ、整備計画も含まれるようになった。そして、障害児の受け
入れも拡大してきている。

　障害児の放課後の生活や家族負担の実態が、2002（平成14）
年4月にスタートした学校完全5日制を受けて明らかになって
きている。その調査からは「孤立した生活」という特徴が浮き
彫りにされている。ほとんどの家庭では障害児は母親と一緒に
過ごす、一人で過ごす等である。こうした実態を踏まえると、
放課後における障害児支援を推進していく必要は大いにある。

　障害児の発達を保障するためには、全生活を豊かにしていく
取り組みが大切になってくる。それゆえに、地域での生活保障
をしていくことがますます課題となってくる。

第9部

コラム⑨：児童虐待

　児童虐待には、身体的虐待、性的虐待、ネグレクト（養育拒否）、心理的虐待の4つがある。これは、身体的、精神的、社会的、経済的等の要因が複雑に絡み合って起こる。例えば親の要因には、育児不安、親自身が虐待された経験（連鎖）、病気・障害による養育力の低下、産後うつやアルコール依存などによる精神的に不安定な状態などが挙げられる。また、家族をとりまく要因には、核家族、不安定な夫婦関係、経済的不安、地域からの孤立がある。子どもの要因には、かんしゃくが激しい、こだわりが強いなどの育ちにくい面、病気・障害などが考えられる。多くの場合は一つのことが原因ではなく、このようなさまざまな要因が重なったときに引き起こされる。

　虐待を受けた子どもは二次的に身体的な発達が遅れたり、知的発達にも影響が及んだりする場合がある。それだけではなく、心に深い傷を負うことで心理的に問題を抱えることもある。例えば、虐待されたことを繰り返し突然思い出し苦痛を感じたり、周囲の人を信用することができず、うまく人間関係を作っていくことが困難になったりする。また、自分に自信を持つことができず、劣等感や無力感を持つこともある。

　全国の児童相談所での児童虐待に関する相談対応件数は、2014（平成26）年の時点で、児童虐待防止法施行前の1999（平成11）年に比べて7.6倍に増加している。厚生労働省では、虐待の発生予防、早期発見・早期対応、子どもの保護・支援、保護者支援の取り組みを進めている。例えば、乳児家庭全戸訪問事業を行ったり、相談しやすい体制の整備をしたり、虐待に関する通告の徹底や児童相談所・市町村の体制強化にも努めている。保健・医療・福祉等の関係者が行うにあたっては、実態調査や事例検証を通して養育支援を必要としている家庭であるかどうかを判断し、早期支援につなげることが必要である。また、NPO法人などの民間団体で、児童虐待防止の運動が行われている。虐待と思われる事実を知ったときには通報したり、子育てに悩んでいる人は一人で抱え込まずに相談したりすることが必要であると呼びかけている。　（加藤理華子）

第 **10** 部

障害児の関係制度

97 障害者手帳

障害種別による交付

障害者手帳を取得することで、障害の種類や程度に応じてさまざまな福祉サービスを受けることができる。いずれの手帳も、申告して認められないと取得できない。

身体障害児・者には身体障害者手帳、知的障害児・者には療育手帳、精神障害者には精神障害者保健福祉手帳が交付される。

身体障害者手帳

身体障害者福祉法第15条に基づき、対象者の居住地の都道府県知事（政令指定都市・中核市の長）が交付する。

障害の種類は、視覚障害、聴覚障害、音声・言語機能障害、そしゃく障害、肢体不自由、内部障害である心臓機能障害、呼吸器障害、腎臓機能障害、膀胱又は直腸機能障害、小腸機能障害、免疫機能障害、肝臓機能障害の12種類である。

障害の種類別に最も重度の1級から7級の等級がある。

療育手帳

厚生事務次官通知「療育手帳制度について」（1973年）によって、児童相談所または知的障害者更生相談所において知的障害であると判定された者に交付される。

各都道府県知事は療育手帳制度の実施要綱（目的、対象者、障害の程度などを示したもの）を定めている。一例として障害の程度については、重度（A）とそれ以外（B）はあるものの、区分は自治体によってさまざまである。

精神障害者保健福祉手帳

精神保健及び精神障害者福祉に関する法律の第45条に規定されている。

障害等級は、重い順に1級、2級、3級であり、精神障害者は障害者基本法の第2条で発達障害を含むとされ、知的障害を伴わない場合で基準を満たせば交付されることになっている。

対象疾患は、統合失調症、躁鬱病、非定型精神病、てんかん、中毒精神病、器質精神病、その他の精神疾患となっている。

この手帳には2年の有効期限があり、2年ごとに医師の診断書とともに申請し、手帳を更新することになる。

　障害者手帳を提示することで受けられる各種サービスは、障害者福祉サービスの利用、健康保険適用医療費の助成、手当や年金の支給、生活保護の障害者加算、一部直接税の減額・免除、JR・私鉄などの運賃割引、公共施設の利用料の減額・免除、電話料金の減額・免除、ハローワークによる障害者求人への応募などがある。ただし、各自治体により対象者、サービス内容は異なる場合があるため、利用の際は確認が必要である。

　障害を前向きに受け止められれば、それぞれのライフステージからのライフプランにつなげることができる。

療育手帳の名称

法で定められた制度ではなく、都道府県（政令指定都市）の独自の発行であることから、下記のように療育手帳以外の名称がある。

　　　・名古屋市、青森県……愛護手帳
　　　・東京都、横浜市……愛の手帳
　　　・さいたま市……みどりの手帳

第10部

98 手当制度

特別児童扶養手当の概要

特別児童扶養手当とは、障害のある子どもを対象に、その保護者や養育者へ給付される扶養手当である。1964（昭和39）年の「特別児童扶養手当等の支給に関する法律」の制定によって発足した。

この法律は精神、または身体に障害がある児童について手当を支給することで、生活の豊かさの増進を支援することを目的としている。児童が20歳になるまで、障害の等級に応じて一定の金額が支払われる。

特別児童扶養手当と同じく、子育てに対して手当が支払われる**児童扶養手当**というものがある。名前は似ているが、全く違う制度になっている。この扶養手当は、主に一人で子育てをしている保護者に対して手当を支給する。手当によって、その家庭の生活が安定することが目的である。

特別児童扶養手当を受け取るためには、主に6つの条件がある。

①給付対象の児童が**20歳未満**であること。

②特別児童扶養手当が給付される対象である児童が、日本国内に住んでいること。

③給付対象の児童の世話をしている保護者もしくは養育者が、日本国内に住んでいること。

④給付対象の児童が、母子生活支援施設、保育所、児童発達支援センターを除く、児童福祉施設に入所していないこと。

⑤給付対象の児童が、障害が理由での公的年金を受給できないこと。

表1　特別児童扶養手当と児童扶養手当の違い
（出典：LITALICO発達ナビ「特別児童扶養手当とは？　概要や申込方法・条件を説明します」）

主な違い	特別児童扶養手当	児童扶養手当
目的	障害がある児童の豊かさ増進のサポート	一人で子育てをしている家庭の安定した生活と、子どもの健全な育成のサポート
対象年齢	20歳未満	18歳に到達して最初の3月31日まで（障害のある場合、障害の程度によって20歳未満）
金額（月額）	1級　51,500円 2級　34,300円	○子どもが1人の場合　42,330円（一部支給9,990〜42,320円） ○子ども2人の場合　10,000円（一部支給5,000〜9,990円）を加算 ○子ども3人以上の場合　3人目以降1人につき6,000円（一部支給3,000〜5,990円）を加算
支払い時期	原則として毎年4月、8月、12月にそれぞれの前月分までが支給されます	原則として、毎年4月、8月、12月にそれぞれの前月分までが支給されます

（平成28年現在）

⑥受給者、もしくはその配偶者、または扶養義務者の前年の所得が、一定の額を超えていないこと。

　また、特別児童扶養手当の受給申請については、認定請求書、所得証明書、戸籍謄本、世帯全員の住民票、指定医師の診断書など必要書類を添えて、居住地の市区町村の福祉担当窓口で申請する。認定されると申請受付日の翌月から支給される。また、受給開始後も状況届を提出したり、診断書を提出したりする必要がある。

　さらに、1986（昭和61）年の障害基礎年金の設立とともに、20歳以上の障害者に対しての特別障害者手当と、20歳以下の障害児に給付される障害児福祉手当に分かれるようになった。

99 児童相談所

業務と専門職

児童相談所は、児童福祉法に基づいて設置された児童のための専門行政機関である。都道府県および政令指定都市は児童相談所を設置しなければならないとされ、中核市は設置することができるとされている。

児童相談所は、18歳未満の子どもに関するあらゆる相談に応じているが、具体的な業務には次のようなものがある。その運営は「児童相談所運営指針」に基づいている。

①子どもに関するさまざまな問題のうち、専門的な知識および技術を必要とする相談に応ずること
②必要な調査ならびに医学的・心理学的、教育学的、社会学的、精神保健上の判定を行うこと
③調査、判定に基づき必要な指導を行うこと
④児童の一時保護を行うこと
⑤里親について、相談・助言・研修等の援助を行うこと
⑥施設入所等の措置を行うこと
⑦市町村が行う相談等の業務について、市町村相互間の調整、市町村への情報提供等を行うこと
⑧市町村に対する必要な助言を行うこと

相談業務はより高度な専門的対応が求められることから、職員は幅広く配置されている。所長をはじめ、医師、児童福祉司、相談員、児童心理司、心理療法担当職員、保健師、理学療法士、臨床検査技師、児童指導員、保育士、看護師、栄養士、調理員などである。

その中で児童福祉司、児童心理司、児童指導員・保育士の業務を概観してみる。

児童福祉司

担当区域内の児童や保護者、関係機関などからの相談に応じるとともに、必要に応じて調査を行い、その結果を踏まえて社会診断を行う。さらに、児童や保護者に対し指導を行うほか、関係機関などに助言や必要な調整を行う。

児童心理司

児童や保護者、関係機関などからの相談に応じ、心理面接や心理検査、観察などによって、児童や保護者等に関する心理診断を行う。

児童指導員、保育士

一時保護児童の生活指導、学習指導、行動観察などを行うとともに、児童福祉司や児童心理司と連携して、児童や保護者への指導を行う。

施設に入所するまでの過程には、①要保護児童の発見（保護者・親戚からの相談、近隣、学校、保育所、児童委員等からの相談または通告、警察からの通告、福祉事務所からの送致、家庭裁判所からの送致）、②調査・診断・判定、③一時保護（付設の一時保護所に保護し、施設入所の待機、心理治療を行う）、④処遇会議（所長をはじめとする出席職員の討議）がある。子どもの施設入所措置には、親権者または後見人の同意が必要であり、本人および保護者の意思を尊重しながら進められなければならない。

100 児童委員、民生委員

職務内容

　児童委員、民生委員とは市町村の区域に配置されている民間のボランティアである。児童福祉法や民生委員法に定められ、厚生労働大臣に委嘱されたボランティアとして、地域住民の立場に立って生活を支援している。児童委員は民生委員を兼ねることとなっている。

　児童委員の職務は以下のようである。

①児童および妊産婦につき、その生活および取り巻く環境の状況を適切に把握しておくこと

②児童及び妊産婦につき、その保護、保健その他福祉に関し、サービスを適切に利用するために必要な情報の提供その他の援助及び指導を行うこと

③児童及び妊産婦に係る社会福祉を目的とする事業を経営する者または児童の健やかな育成に関する活動を行う者と密接に連携し、その事業又は活動を支援すること

④児童福祉司または福祉事務所の社会福祉主事の行う職務に協力すること

⑤児童の健やかな育成に関する気運の醸成に努めること

⑥必要に応じて、児童および妊産婦の福祉の増進を図るための活動を行うこと

⑦母子及び父子並びに寡婦福祉法の施行について、福祉事務所の長または母子・父子自立支援員の行う職務に協力すること

⑧売春防止法の施行に関し、婦人相談員に協力すること

　要するに、児童委員は、地域の子どもたちが元気に安心して

暮らせるように、子どもたちを見守り、子育ての不安や妊産婦の心配ごとなどの相談・支援を行うことになる。また、一部の児童委員は児童に関することを専門的に担当する主任児童委員の指名を受けている。

民生委員の職務は以下のようである。

---

①住民の生活状態を必要に応じて適切に把握しておくこと

②援助を必要とする者がその有する能力に応じ自立した日常生活を営むことができるように生活に関する相談に応じ、助言その他の援助を行うこと

③援助を必要とする者が福祉サービスを適切に利用するために必要な情報の提供その他の援助を行うこと

④老人福祉法や生活保護法の施行について、市町村長、福祉事務所長又は社会福祉主事の事務の執行に協力すること

⑤身体障害者福祉法や知的障害者福祉法の施行について、市町村長、福祉事務所長、身体障害者福祉司、知的障害者福祉司又は社会福祉主事の事務の執行に協力すること

児童委員、民生委員のマーク

現在のマークは 1960（昭和 35）年に公募で選ばれたもの。幸せのめばえを示す四つ葉のクローバーをバックに、民生委員の「み」の文字と児童委員を示す双葉を組み合わせ、平和のシンボルを鳩でかたどって、愛情と奉仕を表している。

活用できる参考文献

第1部
❶障害児保育の理念
伊藤健次（2007）『新・障害のある子どもの保育』みらい
小川英彦（2011）『気になる子どもと親への保育支援』福村出版
❷特別支援教育
小川英彦（2009）『幼児期・学齢期に発達障害のある子どもを支援する
　　──豊かな保育と教育の創造をめざして──』ミネルヴァ書房
❸ノーマライゼーション
浅井春夫・佐野英司（2000）『現代の社会福祉入門』保育出版社
❹インクルージョン
上野一彦・緒方明子・柘植雅義・松村茂治（2005）『特別支援教育基本用
　　語100』明治図書
清水貞夫・藤本文朗（2005）『キーワードブック障害児教育──特別支援
　　教育時代の基礎知識──』クリエイツかもがわ
湯浅恭正（2008）『よくわかる特別支援教育』ミネルヴァ書房
❺療育
小川英彦（2002）「『療育』概念の展開過程に関する一考察」愛知教育大学
　　共通科目委員会『教養と教育』第2号
高松鶴吉（1990）『療育とはなにか』ぶどう社
長谷川眞人・神戸賢次・小川英彦（2001）『子どもの援助と子育て支援
　　──児童福祉の事例研究──』ミネルヴァ書房

第2部
❻教育基本法
冨永光昭・平賀健太郎（2009）『特別支援教育の現状・課題・未来』ミネ
　　ルヴァ書房
ミネルヴァ書房編集部（2015）『社会福祉小六法2015』ミネルヴァ書房
文部科学省（2007）「新しい教育基本法について」（http://www.mext.
　　go.jp/b_menu/kihon/houan/siryo/07051111/001.pdf）
❼学校教育法
保育福祉小六法編集委員会（2017）『保育福祉小六法2017』みらい
❽児童福祉法
小川英彦（2016）「障害のある子どもの保育の考え方」，伊藤健次『障害の
　　ある子どもの保育　第3版』みらい

近藤直子・白石正久・中村尚子（2005）『保育者のためのテキスト障害児保育』全国障害者問題研究会出版部

⑨保育所保育指針と幼稚園教育要領

小川英彦・広瀬信雄・新井英靖・高橋浩平・湯浅恭正・吉田茂孝（2011）『気になる幼児の保育と遊び・生活づくり』黎明書房

民秋言（2017）『幼稚園教育要領・保育所保育指針・幼保連携型認定こども園教育・保育要領の成立と変遷』萌文書林

⑩発達障害者支援法

森上史郎・大豆生田啓友・三谷大紀（2015）『最新保育資料集2015』ミネルヴァ書房

湯浅恭正（2008）『よくわかる特別支援教育』ミネルヴァ書房

⑪障害者基本法

保育福祉小六法編集委員会（2017）『保育福祉小六法2017』みらい

⑫障害者権利条約

玉村公二彦・清水貞夫・黒田学・向井啓二（2015）『キーワードブック特別支援教育——インクルーシブ教育時代の障害児教育——』クリエイツかもがわ

保育福祉小六法編集委員会（2017）『保育福祉小六法2017』みらい

⑬障害者差別解消法

朝日新聞「障害者差別解消法が始まる」（2016年3月30日）

第3部

⑭障害の理解（ICF）

厚生労働省大臣官房統計情報部（2009）『国際生活機能分類——児童版ICF-CY——』厚生統計協会

⑮発達の理解

宮尾益知（2013）『言語聴覚士のための小児科学・発達障害学　第2版』医学書院

⑯生活の理解

高尾淳子（2011）「気になる幼児のルールの理解とクラスづくり」『気になる幼児の保育と遊び・生活づくり』黎明書房

⑰実態把握

独立行政法人国立特別支援教育総合研究所「教育相談の基礎」（http://forum.nise.go.jp/soudan-db/htdocs/?page_id=16）

⑱発達障害

日本トゥレット協会（2003）『チックをする子にはわけがある』大月書店

⑲自閉スペクトラム症

日本精神神経学会精神科病名検討連絡会（2014）「DSM-5病名・用語翻訳ガイドライン（初版）」『精神神経学雑誌』116（6）

⑳注意欠如・多動症
高尾淳子（2011）「育てづらさをもつ保護者へのQ&A」『気になる子ども
　　と親への保育支援』福村出版

㉑限局性学習症
大石敬子（2001）「発達性読み書き障害のリハビリテーション」『失語症研
　　究』21（3）

㉓肢体不自由
文部科学省初等中等教育局特別支援教育課（2013）「教育支援資料」平成
　　25年10月

㉔重症心身障害
高尾淳子（2017）「保健・医療・福祉・教育との関連からみた障害児保育」
　　『基礎から学ぶ障害児保育』ミネルヴァ書房

㉕気になる子ども
高尾淳子（2017）「【“気になる子”の発達と保育】保育・家庭・医療・行政
　　によるチーム支援──海外のインクルーシブ保育を参考に──」『発達』
　　149

㉖問題行動
高尾淳子（2015）「日本におけるペアレント・トレーニングの展開と今後
　　の方向性」『幼児教育研究』18

㉗発達障害アセスメントの視点
上野一彦・竹田契一（2012）『特別支援教育の理論と実践Ⅰ──概論・ア
　　セスメント──』金剛出版

㉘発達障害と児童虐待
杉山登志郎（2007）「高機能広汎性発達障害と子ども虐待」『日本小児科学
　　会雑誌』111（7）

第4部
㉙保護者対応での保育者姿勢
藤崎春代ほか（2010）『「気になる」子どもの保育』ミネルヴァ書房

㉚保護者の苦労・悩み・ストレス
伊藤健次（2007）『新・障害のある子どもの保育』みらい

㉛障害の受容
岡田俊（2012）『発達障害のある子と家族のためのサポートBOOK　幼児編』
　　ナツメ社
藤永保（2012）『障害児保育』萌文書林

㉜保護者支援の基本原則
阿部利彦（2011）『発達障がいをもつ子の「いいところ」応援計画』ぶど
　　う社

㉝きょうだい

渡部信一ほか（2009）『障害児保育』北大路書房

㉞レスパイトサービス

渡部信一・本郷一夫・無藤隆（2009）『障害児保育』北大路書房

㉟親の会

阿部利彦（2011）『発達障がいをもつ子の「いいところ」応援計画』ぶどう社

第5部

㊱園内での支援体制

小川英彦（2011）『気になる子どもと親への保育支援』福村出版

木原久美子（2003）「大学の研究者が保育者と協働することの意義」『帝京大学文学部紀要教育学』28

㊲ティームティーチング、加配

玉村公二彦・清水貞夫・黒田学・向井啓二編（2015）『キーワードブック特別支援教育——インクルーシブ教育時代の障害児教育——』クリエイツかもがわ

㊳研修

小川英彦（2017）『基礎から学ぶ障害児保育』ミネルヴァ書房

㊴研究保育

蔭山英順・後藤秀爾（2002）『統合保育の展開——障害の子と育ちあう——』コレール社

㊶保育者の困り感

内山登紀夫・諏訪利明・安倍陽子（2009）『こんなとき、どうする? 発達障害のある子への支援　幼稚園・保育園』ミネルヴァ書房

㊷保育者の専門性

伊藤健次（2007）『新・障害のある子どもの保育』みらい

㊸危機管理

冨永昭・平賀健太郎（編著）（2009）『シリーズ現代の教職12　特別支援教育の現状・課題・未来』ミネルヴァ書房

第6部

㊹遊びの意義

内閣府（2014）『幼保連携型認定こども園教育・保育要領』フレーベル館

文部科学省（2008）『幼稚園教育要領』フレーベル館

㊼丁寧な関わり

小川英彦ほか（2017）『エピソードで学ぶ特別支援教育の授業づくり』福村出版

48 ほめ方、しかり方
明橋大二（2010）『子育てハッピーアドバイス　大好き！が伝わるほめ方・叱り方』1万年堂出版
49 子どもの内面充実
奥住秀行・白石正久（2010）『自閉症の理解と発達保障』全障研出版部
東田直樹（2007）『自閉症の僕が跳びはねる理由——会話のできない中学生がつづる内なる心——』株式会社エスコアール出版部
50 障害特性と指導
浜谷直人（2005）「統合保育における障害児の参加状態のアセスメント」『人文学報．教育学』40
51 事例研究
小川英彦（2011）「障害児保育の事例研究と実践記録の大切さ」『愛知教育大学附属幼稚園研究紀要』40
52 実践の過程
林悠子（2010）「保育実践における『過程の質』——保育記録の分析から——」『佛教大学社会福祉学論集』7
55 保育カンファレンス
本郷一夫（2008）『障害児保育』建帛社
森上史朗、柏女霊峰（編）（2010）『保育用語辞典　第6版』ミネルヴァ書房
56 障害理解教育
水野智美（2008）『幼児に対する障害理解指導——障害を子どもたちにどのように伝えればよいか——』pp.25-30、文化書房博文社
両角美映（2008）『発達が気になる子どもの保育』黎明書房

第7部
57 障害児保育の目標
石井哲夫（2010）『障害児保育の基本』フレーベル館
59 個と集団
小川英彦（2011）『気になる幼児の保育と遊び・生活づくり』黎明書房
60 クラス・集団づくり
湯浅恭正（2009）『特別支援教育を変える授業づくり・学級づくり1——芽生えを育む授業づくり［幼稚園~小学校低学年］——』明治図書
61 個を生かす実践
高内正子（2012）『心とからだを育む子どもの保健Ⅰ』保育出版社
64 安心づくり
久保山茂樹（2015）『気になる子の視点から保育を見直す！』学事出版
66 基本的生活習慣の確立
伊藤健次（2007）『新・障害のある子どもの保育』みらい

小川英彦（2011）『気になる子どもと親への保育支援』福村出版

67 体を動かす

伊勢田亮・小川英彦・倉田新（2008）『障害のある乳幼児の保育方法』明治図書

68 人との関わり

細井晴代（2016）『ちょっと気になる子どもをのばす！――保育者のための発達支援ガイド――』明治図書

村田カズ・阿部五月・大熊光穂・小泉左江子・田中規子・藤永保（2012）『障害児保育――子どもとともに成長する保育者を目指して――』萌文書林

70 行事

七木田敦（2007）『実践事例に基づく障害児保育――ちょっと気になる子へのかかわり――』教育情報出版

71 話し言葉を培う

中川信子（1990）『心をことばにのせて』ぶどう社

72 手や指に着目した保育

津守眞・津守房江（2008）『出会いの保育学――この子と出会ったときから――』ななみ書房

73 音楽表現

小川英彦（2014）『気になる子ども・発達障害幼児の保育を支えるあそび55選』福村出版

74 造形表現

二宮信一（2005）『こころとからだのほぐし遊び』学習研究社

第8部

75 幼保小の連携で必要なこと

文部科学省ホームページ「幼小連携（千束幼稚園と千束小学校の事例）」

76 教育面での幼保小の接続

文部科学省（2013）『指導計画の作成と保育の展開』

文部科学省ホームページ「幼小連携の視点例」

77 発達や学びの連続性

愛知教育大学附属幼稚園（2014）『研究紀要』第43集

文部科学省（2010）『幼児期の教育と小学校教育の円滑な接続の在り方について（報告）』

78 要録

篠原孝子・田村学（2009）『こうすればうまくいく！　幼稚園・保育所と小学校のポイント』ぎょうせい

藤永保（2012）『障害児保育――子どもとともに成長する保育者を目指して――』萌文書林

79個別の指導計画、個別の教育支援計画

小川英彦（2009）『幼児期・学齢期に発達障害のある子どもを支援する
　　──豊かな保育と教育の創造をめざして──』ミネルヴァ書房

七木田敦（2007）『実践事例に基づく障害児保育』保育出版社

80就学指導

湯浅恭正（2017）『よくわかる特別支援教育　第2版』ミネルヴァ書房

81特別支援学校、特別支援学級、通級による指導

大塚玲（2015）『インクルーシブ教育時代の教員をめざすための特別支援
　　教育入門』萌文書林

82コーディネーター

柘植雅義（2014）『ポケット管理職講座特別支援教育』教育開発研究所

文部科学省ホームページ「特別支援教育の現状」

83小1プロブレム

小川英彦（2017）『基礎から学ぶ障害児保育』ミネルヴァ書房

無藤隆「なぜ、今、『保幼小接続』に注目するのか？」ベネッセ教育研究
　　所（http://berd.benesse.jp/berd/focus/2-youshou/activity1/）2017
　　年2月20日アクセス

第9部

84関係機関

堀智晴・橋本好市（2010）『障害児保育の理論と実践』ミネルヴァ書房

85ネットワーク

杉本敏夫（2012）『考え・実践する保育相談支援』保育出版社

86早期発見

玉村公二彦・清水貞夫・黒田学・向井啓二（2015）『キーワードブック特
　　別支援教育』クリエイツかもがわ

875歳児健診

小枝達也（2008）『5歳児健診』診断と治療社

88巡回相談

渡部信一・本郷一夫・無藤隆（2009）『障害児保育』北大路書房

89開かれた園づくり

柘植雅義（2014）『ポケット管理職講座　特別支援教育』教育開発研究所

90特別支援学校のセンター的機能

湯浅恭正（2008）『よくわかる特別支援教育』ミネルヴァ書房

91家庭や地域の変化・92障害児の生活の拠点づくり

伊勢田亮・小川英彦・倉田新（2008）『障害のある乳幼児の保育方法』明
　　治図書

93ADLとQOL

石渡和実（1997）『Q&A 障害者問題の基礎知識』明石書店

玉村公二彦・清水貞夫・黒田学・向井啓二（2015）『キーワードブック特別支援教育』クリエイツかもがわ

94バリアフリー

小川英彦・川上輝昭（2005）『障害のある子どもの理解と親支援』明治図書

95障害児施設

柴崎正行（2014）『障がい児保育の基礎』わかば社

藤永保（2012）『障害児保育』萌文書林

96放課後児童健全育成事業

厚生労働省「放課後児童健全育成事業の実施について」2016年3月31日

第10部

97障害者手帳

大塚玲（2015）『インクルージョン教育時代の教員をめざすための特別支援教育入門』萌文書林

98手当制度

堀智晴・橋本好市（2010）『障害児保育の理論と実践』ミネルヴァ書房

99児童相談所・100児童委員、民生委員

岩田正美・大橋謙策・白澤政和（2009）『児童や家庭に対する支援と子ども家庭福祉制度』ミネルヴァ書房

五十音順記事一覧

執筆者一覧

小川 英彦（愛知教育大学教授）※編者
　　　　　　　……はじめに・第1部・第2部・第8部・第9部・第10部

髙尾 淳子（同朋大学非常勤講師）……第3部

北野 明子（名古屋柳城短期大学附属三好丘聖マーガレット幼稚園教諭）
　　　　　　　……第4部

櫻井 貴大（岡崎女子短期大学講師）……第5部・第6部

水野 恭子（公立保育園保育士）……第7部

丸山 亜梨沙（愛知教育大学大学院生）……コラム①・②・⑤・⑥

中川 菜摘（愛知教育大学学部生）……コラム③

松本 彩花（愛知教育大学学部生）……コラム④

半田 睦美（愛知教育大学学部生）……コラム⑦

田邊 理沙子（愛知教育大学学部生）……コラム⑧

加藤 理華子（愛知教育大学学部生）……コラム⑨

　　　　　　　　　　　　　　　　　　（肩書は執筆当時）

本文イラスト：いらすとや

装丁：青山 鮎

小川 英彦（おがわ ひでひこ）

1957年名古屋市生まれ。愛知教育大学幼児教育講座教授。名古屋市教諭（中学校、養護学校）、岡崎女子短期大学幼児教育学科講師・助教授を経て現職。2012年から2014年まで愛知教育大学附属幼稚園長を兼任。おもな編著書に『気になる子どもと親への保育支援──発達障害児に寄り添い心をかよわせて』（編著、2011年）、『気になる子ども・発達障害幼児の保育を支える あそび55選』（編著、2014年）、『エピソードから読み解く特別支援教育の実践──子ども理解と授業づくりのエッセンス』（共編著、2017年）（以上、福村出版）。

ポケット判
保育士・幼稚園教諭のための障害児保育キーワード100

2017年 9月 25日　初版第1刷発行

編　者　　小川 英彦
発行者　　石井 昭男
発行所　　福村出版株式会社
　　　　　〒113-0034　東京都文京区湯島2-14-11
　　　　　電話　03-5812-9702／ファクス　03-5812-9705
　　　　　http://www.fukumura.co.jp
印刷・製本　シナノ印刷株式会社

© 2017 Hidehiko Ogawa
Printed in Japan
ISBN978-4-571-12131-9